열한 살의 난중일기

어머니의 사랑과 희생

도서출판 행복에너지

열한 살의 난중일기

초판 1쇄 발행 2020년 5월 6일
지 은 이 박원영
발 행 인 권선복
편 집 유수정
디 자 인 오지영
전 자 책 서보미
발 행 처 도서출판 행복에너지
출판등록 제315-2011-000035호
주 소 (07679) 서울특별시 강서구 화곡로 232
전 화 0505-613-6133
팩 스 0303-0799-1560
홈페이지 www.happybook.or.kr
이 메 일 ksbdata@daum.net

값 15,000원
ISBN 979-11-5602-798-0 (43910)

亂中日記

열한 살의 난중일기

어머니의 사랑과 희생

박원영 지음

7~80대 세대에게는 당시의 추억을 더듬어 보고,
청, 장년 세대에게는 부모님에 대한 효심을 일깨워 주며
2~30대 세대에게는 국가에 대한 정체성을
바로잡는 기회를 열어드립니다

머리말

나는 이 책을 처음 기획할 때 여러 가지로 망설였습니다.

왜냐고요?

첫째, 70여 년 전에 겪었던 일들을 어떻게 하면 생동감 있게 표현할 수 있을까? 둘째, 국가적 참변으로 겪은 내 가족의 피난생활이 공감을 얻을 수 있을까? 셋째, 30대 중반의 홀로된 여자의 몸으로 어린 식구들을 거느리고 모진 피난생활을 슬기롭게 견뎌낸 어머니라는 숭고한 이름에 대해 잘 알릴 수 있을까? 넷째, 오늘날까지도 남북이 대치되고 있는 상황이지만 표면적으로는 평화 시대로 인지하고 있는 지금, 전쟁의 참혹

함과 무자비함을 독자들에게 어떻게 이해시킬 수 있을까? 다섯째, 젊은 세대에게 이 책을 통해 공산 독재의 야욕과 헛된 수작을 얼마나 알릴 수 있을까? 등을 고민하다가 아래와 같은 이유로 책을 써야 한다는 의무감이 생겼지요.

즉, 자라나는 세대에게 전쟁이란 두 번 다시 이 땅에 일어나서는 안 되는 대재앙임을 일깨워야 할 의무가 있다고 생각되었기 때문이고, 또한 이 글을 통하여 세상을 조금이라도 이롭게 만들고, 한 사람이라도 행복하게 할 수 있지 않을까 하는 마음은 물론 도저히 극복할 수 없다고 생각되는 환경에서 어머니라는 이름이 얼마나 강하고 위대한지 함께 공감하고 견지하고 싶었습니다. 그런 이유에서 80이 넘은 나이에도 불구하고 이렇게 자판을 두드리게 되었습니다.

2020년 초봄

박원영

내일이 더 밝은
대한민국
忠武公

목차

제1장

첫 번째 피난길

- 부친 소상小祥과 함께 찾아온 6·25

무명전사無名戰死

천상병

지난날엔 싸움터였던
흙떼미 위에 반듯이 누워
이즈러진 눈으로 그대는
그래도 맑은 하늘을 우러러보는가

구름이 가는 저 하늘 위의
그 더 위에서 살고 계신
어머니를 지금 너는 보는가

썩어서 허물어진 살
그 살의 무게는
너를 생각하는 이 時間
우리들의 살의 무게가 되었고
온몸이 남김없이
흙 속에서 묻히는 그때부터
네 뼈는
영원한 것의 뿌리가 되어 지리니

밤하늘을 타고
내려오는 별빛이
그 자리를 수억만 번 와서 씻은 뒷날 새벽에
그 뿌리는 나무가 되고
숲이 되어
네가
莊嚴한 山嶺을 이룰 것을 나는 믿나니

이 몸집은 저를 잊고
이제도 어머니를 못 잊은 아들의 것이다.

전쟁의 시작과 그들의 야욕

1950년 6월 25일 새벽 6시! 이날도 평소와 다름없는 시간에 일어나 형님과 함께 빠른 걸음으로 뒷산(봉의산)에 올라 가쁜 숨을 몰아쉰 뒤 천천히 국민보건체조를 했다. 산에 올라 힘차게 "야호!"를 외쳤으나 소양강 건너는 평야지대라 메아리는 다시 돌아오지 않았다. 저 멀리 붉게 떠오르는 아침햇살을 황홀하게 바라보다가, 한편으로는 소양강의 아름다운 경치와 유유히 흘러가는 말 없는 물결을 하염없이 바라보며 잠깐 엉뚱하고 바보 같은 생각에 잠겼다.

'저렇게 많은 물이 매일 흘러 바다에 이르면 바다가 넘쳐 육지를 덮쳐 오지 않을까? 그리고 짠 바닷물이

민물로 변해 버리면 물속의 생물들은 숨이 막혀 다 죽지 않을까?'

6·25의 아침 떠오르는 태양

엉뚱한 상상을 하면서 혼자 웃고 있는데, 멀리서 대포 쏘는 소리가 들리기 시작했다. 형님께서 "왜 갑자기 포 쏘는 소리가 계속 들리지?" 하면서 "야! 뭘 미친 사람처럼 혼자 웃고 있어!" 하고 재촉하는 바람에 놀라 쏜살같이 집으로 뛰어내려왔다.

이날은 아버님께서 돌아가신 지 만 1년이 되는 소상小祥일이다. 우리 가족은 평상시보다 조금 일찍 일어나 이불을 개고 청소하고 손님 맞을 준비 겸 각자 맡은 바 일에 열중하며 정리정돈을 마쳐가고 있었다. 그런데 창문을 열고 환기를 하면서 내다보니 포성이 점점 가까워지는 게 아닌가. 연이어 신작로(큰길)에서는 자동차 소리가 시끄럽게 들려왔고, 벌써 피난민들이 조금씩 보이기 시작하였다

우리 집은 소양로 1가 큰길가에서 20~30미터 떨어진 곳에 위치해 있었고 앞마당도 넓어 도로에서의 움직임을 다 볼 수 있었다. 궁금하여 길가로 나가 보니 벌써 군 트럭들이 병력을 가득 태우고 트럭 꽁무니에는 대포를 단 채 연속적으로 흙먼지를 날리며 소양강다리를 향해 달려가고 있었다. 신작로에는 철모를 나무와 풀로 위장한 채 총을 멘 군인들이 길 양쪽으로 일렬종대로 걸어가고 있었다. 우리는 가끔 군인들의 비슷한 훈련모습을 봐온 터라 덤덤하게 바라보고 있으려니까 다른 구경꾼들이 수군거리며 전쟁이 났다는 것이다.

내가 어린 마음에 무턱대고 뒤에 따로 걸어오는 장교를 보고 "아저씨! 무슨 일이죠?" 하고 소리쳐 물었다. 그랬더니, "북쪽에서 전쟁을 일으켜 남쪽으로 쳐

들어오고 있으니 얼른 집에 가서 부모님 말씀 잘 듣고 얌전하게 기다리고 있어."라는 대답이 돌아왔다. 나는 바로 집으로 돌아와 장교 아저씨의 이야기를 모친께 전해 드렸다.

"뭐? 전쟁? 누가 쳐들어온다던?"

"북한에서 남한을 상대로 전쟁을 일으켰나 봐요."

"뭐야? 큰일 났구나! 그래서 포성이 들렸구나! 이를 어쩐담? 얼른 사무실에 가서 공장장 아저씨 출근하셨나 보고 와라."

모친의 말씀을 듣고 나가보니 아직 일러서인지 공장장아저씨는 보이지 않았다. 우리는 할 수 없이 부친 소상을 부랴부랴 간소하게 미리 치른 후 아침밥을 허겁지겁 먹고는 불안 속에서 점점 가까이 들려오는 포성과 함께 라디오 방송에 귀를 기울이면서 나는 혼자 생각에 잠겼다. '도대체 전쟁이란 무엇이며, 왜 발생하고, 앞으로 어떻게 전개되며, 그리고 어떻게 대처해야 한단 말인가….'

나는 그때 당시 11살이었다. 처음 겪어보는 상황이

다 보니 참으로 막연하고 불안하기 그지없는 판국이었다. 전쟁의 참화를 겪어보지 못한 사람들은 나처럼 책이나 영화에서 그냥 활동사진으로 보고 즐겁거나 슬픈 사연을 느끼는 정도였는데….

경험 없는 이번의 전쟁은 너무 무섭고 황당한 사건이었다. 정든 집을 떠나 피난을 가야 한다니. 피난상황은 관청의 라디오 방송과 눈으로 보는 현재 상황뿐, 안내나 인도引導도 없었다. 그저 남쪽 방향으로 가라는 말뿐이었다. 지도地圖나 목적지도 불명하고, 반겨주거나 재워주고 먹여줄 사람도 없는 그야말로 사지死地로 내모는 격이 아닌가? 그런 불안함과 답답한 마음으로 우리 가족은 방 안에서 꼼짝 못 하고 있었다. 모친께서 "여하간 적군이 오기 전에 떠나야 하고, 살아 돌아오려면 기본적으로 의식주 문제, 즉 집 없이 객지에서 살아야 하니 필수적으로 먹고, 입고, 자는 것은 있어야 하지 않겠는가?" 하시면서 여러 가지 생필품을 주섬주섬 챙기기 시작하셨다. 문제는 이 짐들을 우리 네 식구가 얼마를 어디까지 운반할 수 있을지 미리 가늠해 보는 것이었다. 빈손으로 걸어도 힘든 일인데,

어린 자식들한테 나누어 짊어지게 하고 어디론가 정처 없이 가야 한다고 생각하니 모친으로서도 참 난감하셨을 것이다. 내가 지금 나이로 생각해도 그 당시의 모친 입장을 가늠하기가 쉽지 않다.

그러나 어쨌든 정든 집을 떠날 수밖에 없는데…. 우선 가장 큰 문제가 공장과 그 직원들이었다.

그날 오전 출근과 동시에 모친은 공장장과 간부 및 직원들을 한자리에 모이게 한 후 전쟁이 났으니 무기한 휴업을 할 수밖에 없음을 공지하였다. 전쟁이니 모든 것이 온전하리라는 기대는 할 수 없지만 그래도 다음과 같은 지침을 내리셨다.

첫째, 완성품은 지하창고에 보관하고 원재료는 한곳으로 모아 커버를 덮어놓아 주세요.

둘째, 기계설비도 되도록 커버로 덮어놓고 전기S/W는 모두 뽑아주세요.

셋째, 사용하던 모든 공구와 부자재 등은 박스에 각각 담아 한곳에 비치해 주세요.

넷째, 창문은 물론 환기구도 모두 닫고 잠가주세요.

이상과 같이 당부하신 후 얼마간의 용돈을 나누어 주시고는 꼭 살아 돌아와 반갑게 다시 만나자고 당부하였다. 모친께서는 입구에 서서 그분들과 일일이 악수를 나누고는 힘없이 돌아서서 눈시울을 적셨다. 직원들도 전쟁의 공포와 불안에 차 어이없는 얼굴로 하늘을 쳐다보며 장탄식을 하면서 돌아나갔다. 사실은 그때 벌써 내 고향집이 있는 옥산포에서 전투가 벌어진 상황이었다. 탱크와 비행기가 없었던 국군은 탱크로 무장한 북한군에게 여지없이 무너져서, 저녁 무렵 우두산에 있던 지휘부를 봉의산으로 이동하고 소양강을 경계로 전투태세를 갖추었다고 한다.

26일 새벽에는, 우두산에서 치열한 전투가 전개되고 뒤이어 소양강 다리를 사이에 두고 다시 치열한 전투가 벌어졌다. 그런 와중에 춘천고, 춘천농고, 춘천사범고 학생들이 선생님의 지도 아래 훈련용 목총을 들고 자발적으로 학도병으로 참전하거나 군을 도와 포탄을 나르고 부상병을 치료하였다. 한편, 우리 제사공장 여공들은 26일부터 휴업에 들어갔는데도 불구하고 집이 가까운 직원들은 남아서 주먹밥을 만들어 군인들과 학생들에게 제공하였다 하니 참으로 기특하고 놀라울 뿐이다. 사실 우리에게 친숙한 주먹밥은 예나 지금이나 국민들은 물론 전쟁 중에도 하나의 필수품이며, 전쟁이 났을 때는 임금과 왕비, 병사를 가릴 것 없이 주먹밥을 먹었다.

6 · 25전쟁 때 군인들이 참호에서 먹던 밥도 주먹밥이다. 지금은 다양한 모양과 맛 그리고 영양을 자랑하지만 전시에는 후방에 있는 취사장에서 병사들이 김과 밥, 그리고 단무지와 소금으로 주먹밥을 만들면 민간인 지게부대가 전투현장까지 주먹밥을 날랐다. 고지를 빼앗고 빼앗기는 공방전 속에 전투의 승패를 좌우한 것도 주먹밥이었다는 증언도 있다. 민간인 지게부대가 주먹밥을 충분히 배달하면 전투에서 이겼고 보급이 제때 이뤄지지 못하면 전투에서 패했다는 것이다. 왜냐하면 전투가 계속되는 상황에서 며칠 동안 주먹밥 1개, 물 한 모금 마시지 못한 상태에서는 체력이 소진돼 싸울 수가 없었기 때문이다.

지게부대는 주먹밥뿐만 아니라 포탄과 기타 보급품

도 날라다 주었다고 하니 지금으로 보면 병참부대로서 평지는 물론 높고 낮은 최전방 진지까지 오직 지게로 날라다 주었으니 오히려 전방에서 싸우는 병사보다도 많은 고생과 희생이 뒤따랐을 것이다. 유일하게 손으로 밥을 뭉친 주먹밥을 먹는 나라는 한국과 일본, 두 나라며 그중에서도 외침을 겪은 한국의 주먹형 주먹밥에는 힘을 합쳐 외세의 침입을 이겨내려는 투박한 화합의 의지가 들어있다고 한다.

주먹밥 만드는 여성과 취사병들

한편, 우리 가족은 아직 갈피를 못 잡고 바깥쪽의 피난민 물결만 내다보고 있었는데 그때 갑자기 고막이 터질 것 같은 큰 폭음과 함께 창문이 흔들렸다. 가족 모두가 토끼처럼 놀라 숨을 죽이며 창 너머로 겨우 밖을 훔쳐보니 사람들이 웅성거리며 뛰어가는 모습이 보였고, 많은 사람들이 피난 가는 모습도 눈에 띄었다. 나는 겁도 났지만 위험도 모르고 호기심에 견딜 수 없어 살그머니 밖으로 나가 사람들이 몰려가는 곳으로 따라가 보았다.

우리 집에서 70~80미터 거리에 있는 병원 앞마당에 큰 구멍이 파이고 병원 입구의 문과 벽, 창문은 박살이 나서 엉망이었다. '세상에! 무엇인지 모르지만 하늘에서 소리 없이 날아와 이렇게 큰 구덩이를 만들고 주변을 박살내 놓다니! 이거 한 방 맞으면 형체도 알아볼 수 없이 날아가겠구나.' 하는 생각이 들었다. 겁에 질려 집으로 쏜살같이 돌아와 식구들에게 본 대로 이야기하니 모두 사색死色이 되고 말았다. 그때 다시 뒷산에 또 한 방의 폭탄이 떨어지는 소리가 들려왔다. 우리들은 모두 놀라 이불 속에 숨어 얼굴만 내민 채 모친의 얼굴만 쳐다보며 공포에 휩싸이기 시작하였다. 곧이어 주민들의 아우성이 커지면서 너도나도 뛰어나오는 바람에 큰길가는 금세 피난민의 행렬로 가득 찼다. 아마도 소양강 이남 건너편에 방어선을 구축하기 시작한 아군과 포대를 향해 쏜 것이 분명한데, 빗나간 모양이다. 우리 집은 다리에서 200미터 정도 떨어진 거리에 있으니 곧바로 포격 대상이 될 수밖에 없었다. '어휴! 이런 쳐 죽일 놈들! 군 시설이나 기지도 아닌 민가에 무차별적으로 포를 쏘아 양민의 재산과 인명을 앗아가고 부상을 입히다니…. 에이, 천하에 나쁜 놈들!'

우리도 준비해 놓은 보따리들을 챙기고 떠날 채비를 서둘렀다. 그런데 어디로 가지? 하룻밤 사이에 어느 정도 마음의 준비는 하고 있었지만 무조건 남쪽이라니! 남쪽으로 가는 길도 막연하고 어디까지 얼마를 가야 하는지? 언제 돌아올 수 있는지? 포탄이 터지기 시작하는 상황에 접어드니 막내 여동생이 울음을 터트렸고 셋째도 덩달아 울기 시작하였다. 할 수 없이 챙겨놓은 짐들을 각자 이고 지고 정든 집을 뒤로하고 떠날 수밖에 없었다. 아이고 나! 나라가 이제 겨우 해방을 맞아 재건되는 와중에 전쟁이 발발하니 행정이나 치안은 마비되고 누구 하나 국민들을 올바른 방향으로 지도, 통제할 기관이나 사람이 없었으니… 세상에 태어나서 이렇게 황당무계한 일이 또 있을까?

일단 피난 행렬을 따라가기로 결정하고는 우선 처리해야 하는 문제를 챙겨보니… 앞으로 생사를 가늠할 수 없는 상황에서 공장과 직원들은 일단 정리한 셈이지만… 얼음으로 가득 찬 얼음창고, 기계시설 그리고 집기들… 그간 애지중지 보관해 오던 귀중품이며 옷가지, 가재도구, 아버님 회사 서류, 사진, 책들과 식량 및 모친이 매일 닦고 수십 년을 보존해 온 씨간장이며 장독들을 비롯하여 몇 년간 함께 지내던 도우미 아이까지 어떻게 다 처리해야 할지 문제가 너무 많았다.

우선은 시간이 너무 촉박하여 모친께서 이미 챙기신 물품만 나누어 정리하였으나 도우미 아이 문제는 해결하고 떠나야 한다. 짐을 나누어 짊어지고 가면 도움이 되겠지만 밑도 끝도 없는 피난길을 함께 가자니 먹고, 입고, 자는 것 등 위험부담이 너무 크다. 즉 친지의 소개로 데려온 여자아이가 위험에 빠지거나 다치기라도 하면 그 책임은 누가 지며, 이 전쟁이 언제 끝날지 참으로 난감하여 일단은 본인의 의견을 듣도록 하였다. 이 아이는 강촌이 고향으로 12살인데 부모를 일찍 여의고 일가 친척집에서 더불어 살다가 친지의 소개로 우리 집에서 함께 살게 되었다. 그 당시에는 우리나라가 너무 못살아 먹을 것이 귀하고 특히 보릿고개 때는 초근목피草根木皮로 끼니를 때우거나 물로 배를 채워야 하는 가정이 많았다. 또한 피임에 대한 지식이나 도구가 없었던 때고 조혼早婚 풍습과 의술이 부족했던 시기라 단명短命하는 아이들이 많다 보니, 대부분의 가정이 적게는 3~4명, 많게는 6~7명의 아이들을 낳아 길렀기 때문에 더욱더 생활이 궁핍할 수밖에 없었다. 따라서 좀 먹고살 만한 가정은 시골에서 10~15살 정도 되는 여자아이를 아이 돌봄이나 부엌 심부름 내지 빨래 등을 돕게 하면서 함께 기숙하였다. 성숙한 아주머니들은 집안 살림을 도맡아 처리하는 분들도 많았다. 아이의 얘기를 듣자 하니, 일단 무섭고 불안하여 고향으로 가고 싶단다. 그렇게 하여 그녀에게 얼마간의 노잣돈과 양식을 주어 강촌

고향으로 떠나보내고, 우리는 모친의 지침에 따라 각자 해야 할 임무를 부여 받았다. 사실 우리 집은 사업 관계로 화물차가 있었지만 군이 징발해 갔고 다른 차가 있다 해도 운전을 할 사람이 없으니 그림에 떡일 뿐이다. 우선 비상시를 생각하여 모친은 용돈과 패물을 따로 챙기신 후 가다가 먹을 주먹밥과 반찬 그리고 식기 등을 머리에 이고는 막내를 업고 가며, 형님은 이불과 옷가지 및 고추장과 된장을 지고, 막내 여동생을 모친과 교대로 짐 위에 지고 가기로 하였다.

나는 2말의 쌀을 등에 지고 가기로 했고, 셋째는 초등학교 2학년이지만 할 수 없이 간장 1병과 약간의 반찬을 책가방에 넣어 지고 가기로 하였다. 그런데 어린 셋째가 제일 걱정이다. 이건 누가 봐도 무리다. 집안일과 학교 다니는 것 외에 별로 해본 일이 없는 우리가 이렇게 짐을 지고 정처 없이 떠나야 하다니… 도무지 실감이 나지 않았다. 그러나 어찌하랴! 난 초등학교 4학년이지만 아침마다 산에 오르는 습관으로 쌀 2말은 지고 갈 수 있다고 생각했고, 저녁때까지만 버티면 그 때부터는 조금씩 무게가 줄어들 것이니 셋째를 도울 수 있다는 생각에 참고 가보기로 하였다. (여러분! 우리 가족과 함께 썰물처럼 도시를 빠져나가는 피난민 모습을 한번 상상해 보십시오!)

우리는 떠날 준비가 되었지만 엄두가 나지 않아 짐만 싸놓고 어물거리고 있는데, 소양강 다리 쪽에서 갑자기 기관총과 소총 소리가 쉴 새 없이 나기 시작하였다. 주민들은 우리처럼 허겁지겁 보따리를 짊어지거나 손수레 또는 소달구지에 온갖 살림과 아이들, 심지어는 함께 뛰놀던 강아지며 송아지를 끌고 그저 남쪽으로 정처 없이 몰려가고 있었다. 그 당시는 자동차는 물론 자전거나 리어카도 별로 없었고 우마차 정도가 제일 든든한 운반수단이었다. 그나마 부농들이 갖추고 있었을 뿐, 대부분은 머리에 이거나 어깨에 메고 갈 수밖에 없었다. 사실 그 당시 국도는 군용차가 우선이고 비행기의 폭격 목표가 되기 쉬워 농로農路나 소로小路로 가야 했으니 우마차도 먼길을 가기에는 적합하지 못했다.

오늘의 사태라면 여러분은 아마도 자동차로 쉽게

피신할 수 있을 거라고 생각할 것이다. 하지만 사람들이 한꺼번에 몰려나오면 아무리 넓은 도로라도 꼼짝할 수 없거니와 군용이 우선이라 전면통제가 되므로 그것도 불가하니 자전거나 오토바이 아니면 그저 든든한 다리가 이동수단의 최고라고 할 수 있다.

독자 여러분, 이런 상황이라면 어떻게 할까요?

또다시 우리 가족처럼 이고 지고 정든 집을 떠나 정처 없이 가야 될까요? 절대로, 절대로 아니 됩니다. 전쟁이란 장난이 아니며 가장 잔인하고 무자비할 뿐만 아니라 거의 모든 것을 앗아가기 때문입니다. 나와 동지 외에는 존재를 인정하기 어렵고 적을 보면 먼저 죽여야 하고 설사 피난민 속에 숨어서 그들을 인질로 삼아 공격하더라도 눈물을 머금고 난민을 희생해 가며 싸울 수밖에 없는 것이 전쟁입니다. 더욱이 지금은 유도탄과 핵무기 등 최첨단 무기로 무장되어 있어 전쟁이 시작되면 오도 가도 못 하고 엄청난 인명과 재산피해를 집에 앉아서 당하게 될 것이기 때문에 전쟁은 필사적으로 막아야 합니다. 두 번 다시 기억하고 싶지 않은 아래 피난민 사진들을 보시고 그때를 한번 상상해 보십시오. 지금의 부모들이 겪었던 역사적인 현장입니다.

다시 한 번 생각해 봅시다!

이제 겨우 해방이 되어 국권이 회복되고 편하게 살 겠거니 생각하며 희망의 꿈을 펼치려고 하는 마당에 난데없이 피난길을 재촉하는 자 그 누구일까요? 새순 같이 어린 나이에 찢어지게도 가난한 이 땅에 태어나 아직 전쟁戰爭이 뭔지 평화平和가 뭔지도 모르는 상황에서 한 독재자의 욕망 앞에 목숨 건 피난살이의 심한 고통을 감내해야 하고, 하루 끼니조차 해결하기 어려워 감자·고구마 밥은 양반이고 멀건 시래기죽으로 연명延命하며 그 지긋지긋한 허기진 보릿고개를 슬픈 운명運命으로 참아왔던 꽃다운 젊은 나날들을 또다시 이런 전쟁의 참화 속에 내모는 자 그 누구입니까?

눈만 뜨면 인민을 들먹이며 인민을 위한다는 그들이 오히려 총검을 휘둘러 양민良民의 생명까지 무차별로 죽이면서 그나마 일제가 남기고 간 마지막 재산까지 파괴하고 짓밟는 의도가 무엇입니까. 그것도 자기 능력이 아닌 소련과 중공의 힘을 빌려 자기 조국, 자기 백성에게 총을 겨누는 이유가 무엇일까요? 조국통일? 그래서 한 사람의 독재자와 몇몇의 충성분자들이 자기들만의 정권을 차려 3대를 세습하면서 국민의 모든 자유와 권리를 억압하고 착취해 온 지 70년! 한마디의 반성과 사과도 없었습니다. 가족도 서슴없이 죽이는 피눈물도 없는 이 독재 정권, 무엇을 더 증명해야 합니까?

독자 여러분! 제가 이렇게 흥분하고 격한 글을 쓰며 비난하는 것은 6·25의 악몽과 그 알러지 반응 때문입니다. 지금의 시각으로 보아 그때를 겪어보지 못한 독자들은 의아해하실 수도 있습니다. 그러나 그들과 우리 자유 대한민국을 한번 비교해 보십시오! 북한 주민에게 그들이 내건 목표가 무엇인지 아시죠?

"흰 쌀밥에 고기를 실컷 먹게 하겠다."는 것이지요. 그런데 70여 년이 되도록 그 목표가 달성되었나요? 인터넷자료에 의하면 북한에는 정치범수용소가 여러 군데 있는데 수용인원은 평균 약 10~15만 명이라고 합니다. 즉 14호 개천, 15호 요덕, 16호 화성, 18호 북창, 22호 회령, 25호 청진에 있으며, 18호 수용소에 있다가 출소 후 탈북한 김혜숙 씨에 의하면 수용소에서는 공개처형, 고문, 탄광막장노동 등에 시달렸고, 배가 고파서 쥐나 뱀을 잡아먹었는데 그것도 씨가 말라 더 못 먹었다고 합니다. 정치범수용소는 자급자족 체계로 되어 있어서 작업반 단위로 농축산물은 물론이고 대부분의 공산품도 자체적으로 생산하여 사용하고 있다고 하네요.

그곳의 규칙은 매우 엄격하다고 합니다. 3인 이상이 허가 없이 모일 수 없고, 지도원에 절대 복종해야 하며 남녀 간에 접촉을 불허하며 맡겨진 사업은 초과

달성해야 하고, 관리소 규정을 위반하면 총살한다고 합니다. 최근에는 종교 활동하는 자와 탈북자 가족들이 수감 대상에 포함되고 있다고 합니다.

정치범 수용소 수감 이유

이름	직업	수감 이유
김성봉	학생	남조선 노래 테이프 소지
박영수	만수대 직원	김일성 배지를 팔았음
김종명	노동자	남조선 방송 청취
이선화	학생	날라리풍으로 춤추는 등 비사회주의
한창희	간부	외국인과의 관계로 인해 수감
김홍암	잘 모름	할아버지 죄로 인해 수감
최순애	학생	아버지가 김일성 호칭을 부르지 않음
안OO	잘 모름	집 수색 중에 태극기 발견
윤양권	무역상	한국제 생활용품을 사용해 수감
김철용	간부	한국 잡지를 봤다는 이유로 수감

여러분! 이런 참상을 알고도 남의 얘기하듯 지나칠 수 있겠습니까? 이제는 일상화되고 풍부해진 나머지 그 참뜻과 고마움을 느끼지 못하는 깨끗한 물과 맑은 공기처럼 자유민주주의와 자유시장경제야말로 대한민국의 물과 공기입니다. 잊지 마십시오! 자유가 많아 고민이신 대한민국 국민 여러분!

자유는 참 귀중한 보배요, 창조활동의 원천이며 성공을 위한 최고의 가치이고 공산정권하에서는 꿈에서

나 만나는 환상일 것입니다. 북한에는 과연 자유가 있을까요? 여러분이 좋아하는 삼겹살과 시원한 맥주를 마음껏 마실 수 있는 자유, 내·외국의 유명한 관광지며 산이나 바다를 마음대로 여행할 수 있는 자유, 내가 살고 싶은 마을에 가서 살 수 있는 자유를 비롯하여 내 마음에 드는 대표자를 뽑을 자유 그리고 신문·잡지와 만화, 연속극과 게임을 자유롭게 볼 수 있는 이런 자유들이 과연 있을까요? 그 답은 위의 '수감 이유표'를 보시면 알 수 있을 것입니다. 이렇게 보면 우리가 비록 넉넉지 못한 형편과 현실에 다소 불평, 불만이 있다고 해도 만족할 줄 알아야 하겠지요. 지족상락知足常樂하고 지족제일부知足第一富라 했던가요? 만족함을 알면 인생이 즐겁다고 합니다. 만족을 아는 사람이 제일 큰 부자라고 하네요.

여기서 잠깐 6 · 25의 피해상황을 살펴볼까요. 더욱이 6 · 25 때는 대한민국을 살리려고 16개국으로부터 수많은 군인들이 이 전쟁에 참여하여 다수의 민간인들과 더불어 사망하였지요. 한국군은 사망 및 실종

자까지 모두 포함하면 60만 9천여 명이 피해를 입었고, UN군은 실종자와 포로까지 포함하면 총 54만 6천여 명이 피해를 입었다고 합니다. 남한의 민간인 사망자 통계도 살펴보면, 남한 민간인 사망자 24만 5천여 명, 학살된 민간인 13만여 명, 부상자 23만여 명, 납치 8만 5천여 명, 행방불명 30만 3천여 명으로 모두 100만여 명의 남한 민간인들이 피해를 입었습니다. 당시 남북한 전체 인구의 1/5이 피해를 입은 상황입니다. 개인별로 보면 한 가족당 1명 이상이 피해를 입은 것으로 추정할 수 있습니다.

여러분! 이 참상과 역사를 그저 이해로 끝나면 되겠습니까? 세상에 공짜란 없습니다. 이분들의 희생이 헛되지 않도록 가슴에 아로새기고 또다시 이런 비극이 없도록 다짐하고, 그야말로 사수하며 그들의 은혜에 보답하며 살아야 하겠습니다. 현재 부산에는 세계에서 하나뿐인 '부산 UN기념 공원'이 있습니다. 이곳은 1951년 1월 18일 UN군 사령부에 의해 설치된 곳으로 UN이 관리하기로 결의한 곳입니다. 이 묘역에는 이름도 모르는 작은 나라에 와서 자유와 평화 그리고 민주주의를 위해 싸우다가 희생되신 11개국 2천 300여 명의 전몰장병이 잠들어 있습니다. 이곳은 관광 코스로서도 손색이 없지만 이분들이 왜 이곳에 잠들어 있는지 깊이 인식해야 할 성지로서 그 고마움을 절대 잊어서는 안 되는 곳입니다. 그런데 아마도 이런 곳이 있다는 사실을 모르는 분들도 많을 것입니다.

이곳에는 호주 병사 도운트라는 17세의 최연소 참전자도 있습니다. 17세라면 한창 혈기왕성한 나이입니다. 희망찬 미래의 꿈을 펴 보지도 못하고 그 젊음을 우리나라에 바쳤으니 얼마나 애절하고 안타깝습니까? 지금도 그때의 참상과 전우애를 못 잊어 한국으로 와서 묻힌 6 · 25전쟁 영웅도 여섯 분이 계십니다. 그중에 스피그먼이라는 영국 분은 영국과 한국에서 무공훈장을 받으신 6 · 25전쟁 영웅으로 전방에서 싸우다가 부상을 당하고 후송되었습니다. 이분은 치료 후 다시 참전하여 혁혁한 공을 세우신 분입니다. 한국에 묻히고 싶다는 유언에 따라 얼마 전에 UN 묘지에 봉안되었지요.

지금 나라를 위하여 밤잠을 설치는 국민의 대표자 여러분! 부산에 내려가 UN기념 공원을 찾아 헌화하시고 이분들이 누구를 위하여 그리고 무엇을 위하여 이 땅에 목숨을 바쳤는지 제발 곰곰 생각하고 반성하는 기회를 가져 보십시오. 하늘을 우러러 부끄럽지 않습니까?

부산 UN기념 공원 전경

이런 전쟁통을 겪는 와중에도 지금 그자들의 모습은 어떻습니까? 승리 후의 아방궁을 상상하며 우리가 전쟁영화나 만화에서 보듯 후방 진지에서 파이프 담배를 물고 보드카랑 차를 마시며 전쟁을 독려하면서 즐기고 있을 광경이라니. 한번 상상해 보십시오! 또한 수십만에서 수백만의 군인과 양민을 학살한 독일과 소련, 중국과 북한 등의 독재자들은 지금 호화찬란한 무덤 속에서 마치 살아 있는 생물처럼 편히 쉬고 있지 않습니까? 이들은 신神처럼 묵념과 축하의 꽃다발을 받기도 하고, 혹은 관광상품이 되어 신기한 동물처럼 관광객을 불러들이는 아이러니를 경험하고 있습니다.

하늘도 무심하시지! 어찌 이런 자들까지 온정을 베풀고 용서를 하시나이까? 이것이 바로 역사를 잊으면 안 되는 이유인데 우리는 지금 그런 추악한 독재자들의 만행을 까맣게 잊어가고 있을 뿐만 아니라 그들을 옹호하고 지원하는 세력들이 민주화 운동 당시의 기본 정체성을 망각하고, 아니 위장의 탈을 쓰고 선열들의 위대한 업적을 지우거나 적폐시하면서 민의를 저버리고 있으니 참으로 황당하고 안타까울 뿐입니다.

그들은 북한을 옹호하고 낙원이라 치켜세우면서도 그곳으로 가서 살 생각은 안중眼中에 없고, 머리로는 무산無産 대중을 대변하고 양심과 정의를 앞세우지만 몸으로는 대한민국에서 부와 자유, 권력을 그대로 누리고 있는 거짓말쟁이 집단임을 스스로 증명하였습니다. 또한 우리나라를 독립시켜 주고 6 · 25 남침에서 우리를 지켜준 미국을 욕하고 떠나라 하면서 저희들의 자식들은 미국으로 이민 보내고, 유학보내는 염치없고 수치심없는 간사한 사람들임을 또한 증명한바 있습니다.

이왕이면 긴 세월 동안 수많은 외세의 침략과 6 · 25전쟁 그리고 배고픔과 멸시와 형극의 세월을 감내하며 그나마 70년간 "잘 살아보세"를 외치며 이룩한 국부와 자유민주주의 대한민국을 좀 더 건강한 나라로 만들면 안 됩니까?

이 아름다운 금수강산과 선량한 국민을 좀 더 아름답게 가꾸고 행복하게 만들면 안 됩니까?

특히 6 · 25 때 미군 사망자는 3만 3,686명으로 사망자 수의 대부분을 차지하였습니다. 이어 영국군(1천78명), 터키군(966명), 캐나다군(516명) 순입니다. (미국 워싱턴 D.C.에는 1995년에 건립한 한국전 참전 기념비가 있는데 사망자DEAD가 5만 4,246명이라고 쓰여 있다.)

이렇게 많은 전사자를 내고도 그들은 종전 후 그 보상을 요구하지 않았고 오히려 물심양면으로 대한민국을 지원하여 오늘날 우리를 부국의 반열에 서도록 도와주었습니다.

삼국시대를 되돌아보세요. 중국은 침략을 할 때마다, 지원요청을 할 때마다 우리에게 대가를 요구했고, 우리는 그들에게 조공을 바쳤습니다. 6 · 25참전 시 방어를 해주고 도와준 대가로 백두산 일부를 챙겨갔습니다.

일본은 어땠습니까? 36년간 챙겨갔지요. 그러나 미국은 우리나라를 3번이나 구원해 주면서도 대가를 요구하지 않았습니다. 첫 번째가 8 · 15 해방, 두 번째가 6 · 25, 세 번째는 IMF이지요. 더욱이 8 · 15해방 때는 쫓겨나가는 일본인들의 몸을 수색하여 챙겨가는 자산을 몽땅 압수하여 이 땅에 남겼습니다. 한국전에 참전하여 목숨으로 우리 대한민국을 지켜준 미군들의 영령을 위로하고 그 유가족들과 지인들께 깊은 감사를 드리는 것은 아주 당연하지요. 더욱이 일부 종북 동조자들은 대한민국이 먼저 북침을 했다는 벼락 맞을 소리를 지껄이는 파렴치한 족속들도 있지요.

생각해 보십시오! 대한민국 국군이 6 · 25 새벽 일요일에 북진을 계획했다면, 당일에 장병들의 1/3을 농번기 휴가 보내고 외박 보내는 멍청한 군대도 있나요? 오랫동안 준비해도 승전 여부를 가늠하기 어려운 것이 전쟁입니다. 그런데 휴가를 보내면서 여유롭게 전쟁한다? 죽은 귀신도 자다가 벌떡 일어나 웃을 일이지요. 따라서 나라가 제대로 되려면 소수를 위한 다수의 희생은 정당해야 하고 정의로워야 합니다. 그 결과는 다수에게 돌아가야 하는데 공산당처럼 다수가 소수의 종이 되어서는 곤란하지요.

여러분! 자유민주주와 자유시장경제, 이것이 진정 우리가 추구하는 가치이며 정체성임을 명심해야 할 것입니다. 또한 6 · 25는 아직도 진행형이라는 사실을 잊으셔도 안 됩니다. 고고미술사학의 진주현 박사께서는 요즘 발굴된 미군의 파손된 머리뼈를 가리키며 한때 살아있던 사람이라는 표현을 썼지요. 이분은 하와이에 연구소를 둔 미국방부산하 전쟁포로 및 실종자 수색국의 유해 감식요원입니다. 여기엔 6 · 25때

참전하여 애석하게 전사한 유해가 많이 있는데 조사원들의 신원조사를 기다리고 있다고 합니다.

"백색의 뼈는 오른쪽 관자놀이로 총알이 들어가 입가를 부수고 앞쪽으로 빠져나간 흔적이 뚜렷합니다. 이분은 사랑니가 막 나고 있지 않습니까? 20살이 채 안 된 청년인 것 같습니다."

한국이라는 나라가 지구상에 어디에 붙어있는지, 왜 그 나라를 위해 싸워야 하는지 미처 알기도 전에 포로가 되어 그들의 권총으로 사살된 듯합니다. 남의 나라 땅에 묻힌 미군의 사랑니를 관찰하면서 터져 나오는 슬픔을 삼켜야 했겠지요. 국가를 떠난 개인의 삶은 집 없는 유랑자와 같다. 국가에 비하면 민족이나 인류는 그 다음이다. 개인은 때로 자유를 억압하고 통제하려는 국가와 투쟁하다가도 국가가 생존을 위해 생명을 요구하면 그들은 몸을 바친다. 허약하거나 가난하거나 무능한 나라의 개인은 너나없이 모두 비참하다는 사실을 아는지 모르는지 아직도 위정자들은 당파싸움만 한다. 편파적 이데올로기와 결탁한 편가르기 정치는 성숙한 민주주의국가에서는 성공하기 어렵지만 우리나라처럼 민주주의가 아직 성숙하지 않은 사회나 표면상의 민주국가에서는 합의된 바 없는 날치기 정책을 합법으로 가장하여 반칙행위를 저지르고도 반성은 물론 사과도 안 하는 것이 현실이다.

유해발굴 감식단과 남녀학생 봉사활동

지금부터는 독자의 이해를 돕기 위하여 그 당시 춘천의 전투 상황을 위키백과에서 발췌하여 아래에 전재轉載해 보도록 하겠습니다. 다만 군에서 사용하는 용어는 그대로 전기하였으므로 뜻을 이해하기 어려운 점 이해하여 주시기 바랍니다.

28일

북한군은 오전 8시에 보·전·포 협동으로 침공하였다. 그들의 전개 양상으로 보아 연대를 원창고개 부근에서 포위 차단하려는 기도인 것으로 판단되었다. 즉 그들은 주공을 5번 도로(춘천–홍천 간)로 지향하고 전차 및 포병을 여기에 집중하여 연대의 정면으로 공격하고, 다른 2개의 무리들은 동서로 분진하여 그 하나는 897고지를 침탈한 다음 계속 남하하고 있었다. 그리고 또 다른 하나는 북한강을 따라 남하하다가 연대 좌측중복을 찌를 듯이 금병산으로 파고들기 시작하였다.

29일

제2대대장 김종수 소령은 주력철수의 엄호를 마치자 적과의 일전을 다짐하면서 전력을 굳히고 때가 도래하기를 고대하였다. 이때 대대의 병사들의 38선 전투는 물론 소양강 공방전에서 전투다운 전투도 해보지 못하고 철수만 거듭하여 불평을 터트리고 있었다. 북한군의 포격이 점점 열도를 가하기 시작하더니 오전 6시에 사정이 연신 되면서 2개 연대 규모가 시야를 메우고 올라왔고 이들을 목격한 대대장은 “진전 200미터로 접근할 때까지 사격하지 말라.”고 명령하였다. 우리 부대는 침묵을 지키고 있었다.
북한군은 북한 기를 앞세우고 수파의 물결을 이루며 밀려들어 드디어 최후저지 사격권 내에 들었고 대대장의 사격개시 호령이 떨어지자마자 일제히 전 포구는 불을 토하고 소화기는 교차사격으로 집중 강타하였다. 전장은 순간에 도륙장으로 변화하여 북한군들의 비명은 하늘을 찔렀다.
악랄한 독전 밑에 사파가 쓰러지면 오파가 다시 비집고 나오는 연속적인 파상공격으로 돌파를 기도하였으나 끝내 시체만 누증시켰을 뿐으로 침공이 둔좌된 채 피아는 사격전으로 대치하게 되었다. 이윽고 오전 11시에 1개 대대 규모가 재침하기 시작하여 아군은 다시 전투태세를 갖추고 근접하기를 기다렸다. 바로 이때, 대대장은 제5중대장 김상흥 대위로부터 "적이 백기를 들고 올라옵니다."라는 보고를 접하고 앞으로 나갔다. 저 멀리에서 적군이 큰 백기를 흔들면서 올라오는 것이 보였다.
그는 북한군이 투항하려는 것으로 속단하고 사격을 중지시켰는데 병사들은 처음 보는 그들의 투항에 호 밖으로 튀어나와 빨리 올라오라고 환성을 지르며 맞이할 채비를 하였다. 그들은 서서히 웃음을 띠며 20미터 앞까지 다가오더니 갑작스럽게 백기를 내던지자마자 어깨에 숨겼던 다발총을 꺼내 난사를 가함으로써 일순간에 백병전이 벌어졌다. 피아가 얽힌 혼전으로 양측 모두 사격은 제쳐놓고 총검과 주먹의 대결장이 되었으며 대대장도 적병과 맞붙어 뒹굴다가 연락병이 날쌔게 이를 사살하고 위기일발에서 구출되었다. 난전격투 끝에 적을 격퇴하였는데 대대장 김종수 소령은 "이때만 하여도 전투에 경험이 없었기 때문에 백기만 들면 투항하는 것이라고 간단히 생각하고 그들의 어깨에 짊어진 총에는 관심조차 갖지 않아 완전히 그들의 속임수에 넘어갔던 것이다. 이 사실을 육군본부에 보고하여 이러한 적의 기만에 속지 말도록 전군에 하달한 바 있다."고 술회하였다.

춘천바위와 옛 소양강 다리 모습

5일간에 걸친 춘천 및 홍천 동북지구의 서전과 이에 이은 4일간의 지연전에서 북한군 제2군단에게 섬멸적인 타격을 줌으로써 그들이 전도하였던 속전속결의 망상을 송두리째 뒤집어 놓고 말았다. 더욱이 사단이 보유하고 있는 대전차화기가 무력하였음에도 불구하고 육박전으로 그들의 전차를 파괴하였다는 것은 대서특필할 만한 사실이었다. 또한 북한군들이 제6사단 특히 제7연대의 선전 앞에 무릎을 꿇고 춘천바위라고까지 별명을 붙이게 된 것도 이를 증명하고 있었다. 이 때문에 북한군이 3일간 한강을 건너지 못했다는 주장이 있다.

출처: 위키백과, 춘천전투에서

여기서 잠깐! "춘천중학(6년제) 다닐 때였어. 6월 25일 아침 빨갱이를 무찌르러 간다고 춘천 남학생들이 다 소집됐지. 춘고·농고·사범 다 합쳐 1천 명쯤 모였을 거야. 목총, 삽을 들고 이북 놈들이 온다는 곳으로 우르르 몰려갔지. 당시 학교 군사훈련 때 쓰던 목총을 들고 어떤 애들은 빈손으로 따라갔어. 그런데 저쪽에서 탱크가 나타나더니 총을 쐈지. 기관총에 맞아 순식간에 수십 명이 죽었어. 인솔 교사가 도저히 안 되겠다고 생각했는지 모두 도망가라고 했어. 지금 춘천고에는 학도병 참전 추모비가 있지."

출처: 신동식 회장 인터뷰, '나라를 살려주시오' 중에서.

확인 차 학교를 방문했다. 학교 앞의 교정에는 6 · 25참전 기념비가 있었다. 춘고 23회 120명, 24회 150명, 25회 20명, 26회 26명, 27회 4명, 28회 3명까지 총 323명이 각인되어 있었다. 학도병 또는 정규군이나 군속으로 참전하여 27명이 전사하였음을 알 수 있었다. 또한 춘천사범학교(학도병 참전탑)에서 234명(여학생 27명 포함) 그리고 춘천농업고등학교(참전기념탑)에서 165명이 참전한 것으로 기록되어 있었다. 춘천여자고등학교에 있는 명비名碑에 의하면 7명이 간호장교로 참전한 기록이 있고, 국방부로부터 6 · 25참전유공자로 인정되어 확인서가 발급되었다고 하니 작은 도시 춘천에서 이렇게 많은 학도병이 참전하였다는 것은 그 애국적 충정을 높이 평가받을 만하다. 영원히 기억되어야 할 것이다.

여러분! 이분들이 누구를 위하여, 또 무엇을 위하여 꽃다운 젊음을 나라에 바쳤다고 생각하십니까? 오직 나라와 국민을 지키고, 자유와 평화를 위하여 전사하시고 부상 속에 평생을 고초로 살아오셨으니 지금 뉘라서 그때의 애국적 희생을 기억하고 추모하겠습니까?

6 · 25참전 춘고 학도병 기념비와 학도병

오늘에 사는 우리들이 잊어서는 안 되는 역사이며, 특히 젊은 세대들이 적화통일의 야욕으로 전개되는 온갖 전략, 전술에 휘말리지 말고 대한민국의 정체성을 마음속 깊이 간직하고 실천하는 길만이 그 희생에 보답하는 길이 아닐까요?

더욱이 부끄럽고 한심한 것은, 고위공직자 청문회 때 보면 본인은 물론 자식들도 단골메뉴로 군 기피자

나 미필자가 많다는 사실입니다. 이와는 반대로 참전국에서는 6·25가 발발하자, 아이젠하워 미국대통령, UN군사령관 클라크 장군, 초대 8군사령관 워커 장군과 2대 사령관 밴프리트 장군 등 미군 현역장성들의 자녀 142여 명이 한국전에 참전하였는데, 그중 35명이 전사하거나 부상을 입었다고 합니다. 그리고 당시 중국의 최고 통치자 모택동의 장남도 한국전에서 전사하였는데, 결혼한 지 1년밖에 안 된 새신랑이 전사하니 중공군 사령관 팽덕회가 자신의 잘못으로 주석의 아들을 죽게 하였다고 벌罰을 청하자, "전쟁은 언제나 대가를 치르는 법이다. 보통의 전사자 중 한 사람일 뿐이다."라고 말했다고 합니다. 적장이지만 참 대단히 훌륭한 사람이지요!

이렇듯 낯 두껍고 파렴치한 우리나라 고관들 때문에 군인들이 전장에서 적과 싸우다 죽을 때 "빽!"하고 전사한다는 우스갯소리가 있었다는데, 백back이 없어 억울하게 죽는다는 뜻이랍니다. 이것이 웃으며 넘길 일입니까?

여러분! 글로 읽거나 영화로 보는 전쟁과, 살육전으

로 피범벅이 되는 전쟁터의 차이를 상상할 수 있습니까? 전쟁터는 인간이 만들어 내는 최악의 비극이 펼쳐진 공간이라고 하네요.

전쟁명언

War is a cowardly escape from the problems of peace.
전쟁은 평화의 문제로부터의 비겁한 도망이다.

– 토마스 만

Mankind must put an end to war, or war will put an end to mankind.
인류가 전쟁을 끝내지 않으면 전쟁이 인류를 끝낼 것이다.

– 존 F. 케네디

You cannot simultaneously prevent and prepare for war.
전쟁을 피하는 동시에 준비할 수는 없다.

– 알버트 아인슈타인

제2막

정처 없는 피난과 고행길

우리 가족은 피난민들이 몰려가는 길을 따라 무조건 남쪽을 향하여 걷기 시작하였다. 멀고도 가까운 소양교 쪽에서 포성과 소총 소리가 계속 울리는 바람에 무서워 허겁지겁 달려왔지만 그만 십 리도 못 가서 어깨가 아프다고 셋째 여동생이 울기 시작하였고 나도 어깨가 아파오기 시작하였다. 그래서 일단 좀 쉬어가기로 하였으나, 다른 피난민들을 놓치면 어쩌나 겁을 먹고 다시 일어나 걷다가 쉬고 하였다. 남춘천을 겨우 좀 벗어나자 배가 고프고 힘들어 더 이상 가기가 어려웠다.

우리 가족은 다른 피난민 몇 집과 함께 길가 넓은

마당에 자리를 깔고 앉아 준비해 온 제사용 떡과 약밥 등을 저녁노을 속에서 정말 허겁지겁 맛있게 먹었다. 먹고 나니 놀람과 긴장 그리고 피곤함이 엄습하여 잠이 쏟아지기 시작하였다. 그러나 그것도 잠시 총성과 포성이 가까이서 울리기 시작하였고 멀리서 기관총 소리도 들려왔다. 피난민들은 반사적으로 일어나 걷기 시작하였고 우리 또한 벼락같이 정신을 차리고 일행을 따라 걷기 시작하였다. 죽어보는 경험을 할 수는 없지만 책이나 만화에서 죽는 표현이나 죽은 모습을 보면 그저 남의 일 같았다. 그렇게 무섭거나 공포에 떨어본 적은 없었는데, 전쟁으로 인한 죽음의 공포는 실체도 없으면서 왜 이렇게 무섭지? 총알이나 파편에 맞으면 얼마나 고통스럽고 아플까? 죽으면 혼백은 어디로 갈까? 혼자서 이런저런 생각을 하면서 발길 닿는 대로 걸어가고 있었다. 죽는다는 것은 엉뚱하게도 아픔의 고통 없이 순간적이고 바람같이 사라지는 것이면 좋겠다고 생각했다.

스산한 저녁공기를 마시며 한기를 느꼈지만 빠른 걸음으로 걷자니 몸에 열기가 차 올라왔다. '어디까지

가야 할까. 어디로 가야 살아 돌아올 수 있을까?' 하는 마음에 눈물이 핑 도는 순간 셋째가 또 울기 시작하였다. 그러자 등에 업힌 막내도 덩달아 따라 울기 시작하였다. 당연하지! 홀몸으로 걸어도 힘들고 목적지도 없는 먼~길에 무거운 장통까지 메었으니….

아이들의 울음에는 다양한 언어가 내포되어 있다고 한다. "힘들어요.", "아파요.", "배고파요.", "배변했어요.", "덥고 추워요." 등등 제대로 표현하지 못하는 아이들의 마음을 먼저 헤아려 돌봐야 하는데…. 그러니 어쩌랴, 죽기 아니면 살기로 상황이 급박하고 지금은 피난 가는 환경인 것을! 안타까운 마음에 모친은 잠시 쉴 때마다 기도를 드리는 듯 눈을 감고 성호를 가슴에 새기곤 하셨다. 외갓집은 모두가 천주교신자 집안이라 모친도 미혼일 때부터 신자이시다. 평상시에는 기상하시면 부엌에 매일 정화수를 떠놓으시고 기도를 드린 후 다른 일을 하시는데 어려움이 닥칠 때마다 더 열심히 기도하신다. 피난길에도 정화수는 없지만 기도는 꼭 하셨다.

여담이지만 모친께서 생존해 계실 때 모친과 아내

는 서로 불편해하였다. 모친은 천주교신자이시고, 아내는 불교신자였기 때문이다. 두 사람을 함께 모시고 살림을 하자니 내가 중재역할을 할 수밖에 없어 좀 어색하지만 다음과 같이 설득해 보기도 했던 기억이 있다. "목적지는 부산(천국)인데 한 사람은 비행기 타고 내려가고, 다른 한 사람은 기차를 타고 내려가면 결국 도착시간은 달라도 부산에서 만나게 되잖아요."

그래서 부친 기일이나 구정 그리고 추석 때는 모친 따라 성당에 가서 기도하고, 처갓집 행사 때는 절에 가서 불공드리며 살았다.

어머니들의 기도하는 모습

그래도 어느새 팔봉산이 가까운 광판리 근처에 다다랐다. 더 이상 밤이 깊어 할 수 없이 민가에 신세를 지기로 하고 찾아 들어가니, 벌써 피난민이 들어차서 마땅한 잠자리가 없었다. 우리는 부엌으로 들어가 잠자리를 만들어 자기로 하고 주인의 허락을 받았다.

짚단을 몇 개 찾아 바닥에 깔고 지고 온 담요를 깔고 누워보니, 좀 불편했지만 아궁이의 온기로 오히려 아늑하였다. 우리는 둘러앉아 갖고 온 제사음식으로 대충 저녁을 때우고 곧 잠에 떨어지려는 순간, 고르지 못한 부엌 바닥 때문에 몸을 뒤척일 수밖에 없었고, 위를 쳐다보니 연기에 그슬려 까맣게 변색된 천장에는 거미줄이 쳐져 있었다. 거미줄에 걸려 매달려있는 풍뎅이 같은 곤충들이 눈에 들어왔는데… 금방이라도 무언가 입으로 떨어질 것 같은 기분에 두 눈을 질끈 감아 버렸다. 그런 상황에서도 피난길이 힘들긴 힘들었나 보다. 나도 모르게 어느새 잠이….

아침 일찍 웅성거리는 소리에 잠을 깨니 모두들 떠날 채비를 하고 있었다. 우리 식구도 모두 일어나 부억을 깨끗하게 치우고 아침준비를 하는데 멀리서 포성이 들리면서 비행기가 하늘 높이 연기를 남기고 사라졌다. 춘천에서는 소양강을 사이에 두고 격전이 벌어져 적을 소탕하였다는 미확인 소문이 들려왔다.

우리는 제사 때 쓰려고 준비하였던 떡이며 반찬을 마지막으로 허겁지겁 먹었다. 그렇게 아침을 먹고 난 후 다시 정처 없이 피난민들을 따라 남으로, 남으로 기계적으로 걸으며 내려갔다.

중간에 쉬면서 보니 준비 없이 떠난 피난민들은 모자라는 식량 대용으로 아직 여물지 않은 남의 밭의 감자며 고구마를 캐서 날로 먹기도 하고 보따리에 넣어 갖고 가기도 하였다. 그런데 생각해 보니 이제 전쟁터가 되어 모두 피난길을 떠나면 임자가 없는 곡식이 아닌가? 우리도 어디까지 가야 할지, 언제 식량이 떨어질지 모르는 막막한 상황에서 식량을 아껴야 할 처지를 감안하여, 형과 나도 고구마나 감자를 조금씩 캐 주머니에 넣고 떠났다. 난 미안한 마음에 전쟁이 끝나면 찾아와 사과하고 갚겠다고 생각하며 뒤를 돌아보았다.

그 사이 우리 식구는 살아남아야 한다는 일념으로 걸었다. 지친 몸들을 이끌고 밤이슬을 맞으며 북극성을 지표 삼아 야산을 2개나 넘으면서 말이다. 그렇게 걷고 걸어 밤늦게 양평군 어느 면까지 와서는, 전쟁터와는 거리상 여유가 좀 있다고 생각되어 외딴집에서 방을 하나 얻어 하룻밤을 또 묵게 되었다.

여기는 산골이라 우리처럼 심각성을 못 느끼는 듯했는데 우리의 이야기를 듣고는 자기들도 일단 준비를 해야겠단다. 잠자리에 들어 뒤척이며 생각하니 갖고 온 제사용 음식을 먼저 먹느라 내 어깨에 지고 온 쌀의 무게가 그대로 남아 있는지라 어깨가 많이 아팠지만, 이렇게 쌀을 지고 정처 없이 걸으며 견디는 나를 스스로 대견하다고 생각하였다. 이것이 매일 아침 형님과 함께 뒷산을 뛰어 올라가고 내려오는 훈련 덕분이었구나 생각하면서….

그날 저녁 처음으로 내가 지고 온 쌀로 주인집 솥을 빌려 밥을 지어 우리 모두는 맛있게 먹었는데 반찬도 별로 없는 상황에서 밥이 이렇게 소중하고 맛있는지 미처 몰랐다. 어느 때보다도 소중하게 느껴지는 식사였다. 나는 잠을 청하면서도 왜 이런 생고생을 해야 하는지 참으로 한심하고 슬픈 마음이 들었다. 약이 올라 혼자 하늘에 대고 욕을 퍼부었다.

밥 짓는 정겨운 시골 부엌 모습

이틀 전만 해도 따스한 이불을 덮고 잘 지냈다. 맛있는 반찬 식사로 하루를 시작하고 세상 걱정 없이 학교로 달려가 친구들과 정신없이 놀았던 게 바로 며칠 전이었다. 사실 그 덕분에 소양초등학교 가을운동회 때마다 100미터 달리기 선수와 릴레이 선수로 뽑혀 노트며 연필을 부상으로 타오기도 하였다. 맨 앞에서 골인하면서 흰 띠를 가슴에 안고 1등으로 들어오는 그 기분은 정말 최고였다. 경험해보지 않은 사람이 아니라면 비교할 수 없는 승자만의 기쁨이었다. 그런데 지금은 이게 뭐람?! 에이! 나쁜 놈, 죽일 놈들….

3일째 되는 날부터는 시골길이라 전쟁의 위험이 멀어지고 또한 모두가 지쳐서 처음처럼 빠른 걸음으로 갈 수가 없게 되었다. 어제 저녁과 아침밥은 내가 지고 온 쌀로 지었기 때문에 내 쌀의 무게가 줄었는지라 여동생의 짐을 내가 맡았다. 그러나 3일째 계속 걸으니 피곤하여 지치게 되면서 심지어 졸면서 걷기까지 하였다. 졸면서 걷기는 그때가 처음이고 살면서 세 번의 졸면서 걷기 경험을 한 셈이다.

두 번째는 육군에 입대하여 행군훈련 중 피곤에 지쳐 무거운 M1소총을 껴안고 잠시 졸면서 기계적으로 앞사람을 따라가다가 옆 사람 발에 걸려 기합을 받은 적이 있다. M1소총은 몸집이 크고 힘 좋은 서양 사람들의 체격에 맞게 제작되었기 때문에 우리에게는 무거울 수밖에 없었다.

나머지 한 번은 회사에 다닐 때의 일이다. 회사가 어려움에 봉착하자 영업부서의 정신강화 명목으로 한 밤중에 서울에서 온양 온천까지 그리고 대구 근교에서 부곡 온천까지 도보로 행군하면서 졸았던 적이 있다. 그때 '아! 이렇게 하면 뭐가 달라지나?' 하는 생각이 들었다. 이건 정신력 강화도, 몸 단련도 아니고 그저 윗분들에게 잘 보이기 위한 쇼가 아닌가 불평하면서 고생스럽던 그날의 추억을 더듬어 보았다. 그래도 그렇게 단련하면서 살다 보니 나도 모르게 인내심도 용기와 뚝심도 생겨 지금까지 이렇게 건강하게 살아왔나 보다. 사실 쇠도 담금질을 하면 강해지지 않는가.

옛말에 대추나무에 염소를 매어놓으면 대추가 많이 열린다고 한다. 묶여있는 염소는 잠시도 그냥 있지 않고 나무를 흔들어 괴롭힌다. 그러면 대추나무가 잔뜩 긴장하면서 본능적으로 열매를 번식시키려는 노력을 하게 되고, 그 결과 대추가 많이 열리게 되는 것이다. 이런 이치와 같이, 사람도 어느 정도의 긴장상태에서 군대처럼 단련하면 성과가 분명히 있었기 때문에 그 후 회사의 책임자가 되었을 때 직원들과 함께 극기훈련을 여러 번 했던 기억이 난다.

이렇게 하여 양평군을 뒤로하고 계속 남으로, 남으로 내려가다가 원주시 양동면 근처에서 또 하룻밤을 묵었다. 우리가 세 번째 신세를 진 집은 비교적 깨끗한 농가였는데 다리가 좀 불편하신 할머니께서 홀로 사시는 곳이었다. 우리 사정을 얘기하니 건넛방을 내주시며 손자들이 묵었던 방이라고 한다. 가족은 다 어디 가셨냐고 물으니 부산 친척집으로 미리 피난을 갔단다. 경찰가족이라 북괴군이 쳐들어오면 다 죽인다는 소리를 듣고 미리 간 것이라 한다.

우선 우리는 짐을 풀고 모친께서 저녁준비를 하시는 동안 누워 쉬었는데 그만 잠이 들고 말았다. 모친이 흔들어 깨우지 않았으면 그대로 자버렸을 것이다.

우리는 일어나 모처럼 3일 만에 세수를 하여 잠을 깨우고 밥상을 받아 보니 우리가 캐온 고구마가 밥에 들어 있고 웬 김치와 밑반찬이 그득했다.

눈이 둥그렇게 놀라서 모친의 얼굴을 쳐다보니 주인집 할머니가 애들과 고생한다고 마련해 주셨단다.

우리는 참으로 맛있게 그릇을 비우고 곧 또 잠에 떨어졌다.

이렇게 하여 우리는 4일 만에 기진맥진 도착한 곳이 원주시 근처 문막읍 안창리란 곳이었다.

그곳 안창리 언덕에 있는 비교적 넓은 초가집에 찾아가 그간의 사정을 이야기하니 마음씨 고운 주인께서 "어려울 때 서로 돕고 살아야지 어떻게 합니까." 하면서 사랑방을 하나 내어주셨다. 우리는 안도의 기쁨과 함께 피곤에 지쳐 짐을 내리자마자 배고픈 것도, 발에 물집이 생겨 아픈 것도 모두 잊고 또다시 깊은 잠에 떨어졌다.

어쩌면 당시의 이런 경험들이 장차 성장하여 험준한 세상을 살아가는 데 크게 도움이 될 것이지만, 이 전쟁에서 살아남아도 앞날은 더욱 난세亂世일 터, 될 수 있으면 고생하시는 모친으로부터 하루빨리 독립하여 인생을 스스로 개척해 나가야겠다고 생각해 보았지만 나이가 어렸던 당시로서는 앞이 선명하게 보이지 않고 한숨만 나오는 상황이었다.

문막 안창리 우리가 살던 집과 비슷한 초가집

사실 이곳 안창리는 우리 가족과 연고가 있는 곳도 아니고 완전히 낯선 타향이었다. 게다가 이미 북한군이 원주를 거쳐 남으로 진격해 여기는 자연적으로 적진敵陣이 되었으니 더 이상 피난을 가봐야 별 의미가 없고 더 갈 수 있는 힘도 없었다. 우리는 별수 없이 이곳에서 아군의 수복收復을 기다려 보고 고향으로 돌아갈지 말지 대책을 세워보기로 하였다.

이곳은 지척에 판대천이 있어 빨래와 수영, 고기잡이도 가능한 곳이었고 문막 시장까지는 나룻배를 타야 하지만 가까운 거리에 있어 필요시 언제든지 갈 수 있었다. 더욱이 강 언덕이라 내려다보이는 앞마당의 경치 또한 아주 멋진 곳이었다. 또한 살면서 들어보니 이곳은 조선시대 한양과 북원을 연결하는 파발제도로 안창역이 있어 역군들이 말을 바꿔 타곤 하였다는데, 안창리는 안창역에서 이름이 유래되었다고 한다.

이곳은 선조의 계비인 인목대비가 태어난 곳이고 연흥부원군의 묘 및 사당, 신도비가 있고 또한 유서 깊은 흥법사지가 있는 곳이며 한양으로 올라가는 그 옛날 교통의 요지이기도 하다.

전쟁명언

Let him who desires peace prepare for war.
평화를 원하거든 전쟁을 대비하라.

– 플라비우스 베게티우스 레나투스

Sometime they'll give a war and nobody will come.
언젠가 그들이 전쟁을 치러도 아무도 참가하지 않을 것이다.

– 칼 샌드버그

War is a series of catastrophes that results in a victory.
전쟁이란 결과적으로는 승리를 야기하는 재난의 연속이다.

– 조지 클레망소

원시적原始的 피난생활과 춘천 잠행潛行

문막 안창에서 시작된 피난생활의 첫날밤은 피곤에 지쳐 정신없이 지나갔다. 아침에 일어나니 세수며 양치질 그리고 아침 측간(변소)가기 그리고 밥 짓고 설거지까지 무엇 하나 정상적으로 처리할 수 있는 것이 없는 그야말로 원시생활이나 다름없는 고생길이 시작되었다. 그 당시는 아주 부잣집을 제외하면 대부분의 가정이 초가집에서 살았다. 농사를 좀 많이 짓는 집은 미음(ㅁ) 모양의 집이고, 그 다음이 디귿(ㄷ)자 집이며, 마지막이 니은(ㄴ)자 집이거나 일(ㅡ)자 집이다. 안채는 대부분 살림집이고 바깥채는 손님(일꾼) 방이거나 농산물을 저장하는 곡간(창고) 그리고 소 외양간(소가 먹고 자는 곳)으로 구성되어 있고 그 옆에 측간(화장실)이 자리 잡고 있었다.

ㄴ자 집까지는 측간이 앞마당 건너 창고 쪽에 위치해 있지만 ㅡ자 집에는 마당 건너 별도의 헛간에 있어 특히 밤에는 무서워 어른을 깨우거나 누구라도 함께 지키며 볼일을 보아야 했다. 더구나 지금처럼 수세식도 물론 아니고 땅바닥을 50여 센티미터 파고는 큰 돌 2개나 나무 판(토막)을 2개 병렬로 놓고, 일을 본 후 종이가 부족하던 때라 짚이나 풀을 뜯어 씻어야 했는데 그나마도 앞으로 주인집과 함께 사용해야 하니 모든 것이 엄두가 나지 않았다.

그러나 잠시 돌이켜 혼자 웃으며 생각해 보니 측간에서의 인분은 당시 먹는 것 자체가 순수한 자연재료이고, 부엌에서 나온 재나 들깨 깍지 또는 벼 껍질 등과 함께 섞어서 밭 거름으로 쓰였으니 완전한 자연친화적인 리사이클링 아닌가? 하하하. 그밖에 물도 동네 우물가나 개울에서 양동이로 길어 와야 하니 목욕은 생각할 수도 없고, 밥 짓거나 먹는 물 이외는 아예 포기하고 판대천에 가서 해결하는 것이 상수上數라고 생각되었다.

시골 우물가와 판대천 상류

물론 세탁도 당연히 우물가나 강가에 나가 할 수밖에 없을 것이고, 방에 군불 때고 밥 짓고 찌개 끓이는 나무나 숯 역시 산에 가서 스스로 해 와야 한다고 생각하니 점점 더 막막해졌다.

이런저런 고민으로 모친이 넋을 놓고 있는데 주인집 아주머니가 우선은 땔 나무와 물은 불편하지만 준비될 때까지 함께 쓰자고 하셨다. 우물은 어디에 있는지, 땔감은 어디서 사거나 해 올 수 있는지 알려주셨다. 그렇게 해서 하루가 지났다. 밤이 되니 적막강산이다. 전기도 없던 때라 호롱불이라도 구해 와야 글씨를 보든, 바느질을 하든, 무엇이 보여야 누운 사람 밟지 않고 지나갈 수 있을 테니까.

'아, 산다는 것이 갑자기 이렇게 막막해지다니! 그 빌어먹을 놈들 때문에! 그렇다고 이런 거처라도 없으면 어떻게 살아? 감지덕지 감사할 줄 알아야지!' 하면서 지난날의 편안했던 내 집과의 비교 때문에 현재로선 해결할 수 없고 어찌할 수 없는 과제로 공연한 투정을 하는구나 하면서 앞으로 해야 할 일을 곰곰이 정리해 보았다.

지금 산골에도 이런 초가집에서 사시는 분들이 있지만 실물이나 사진을 볼 때마다 나도 저기서 살아봤는데…. 불편하긴 하지만 아늑하고 정겹고 그리고 여름에는 시원하고 겨울에는 따뜻한 초가집…. 이건 4계절의 변화를 아주 잘 반영하고 농축農畜으로 먹고살던 그 시절 각각의 생활기능에 따라 배치한 우리나라만의 고유한 문화재 아닌가!

이런 상황 속에서 그 다음날 아침밥을 겨우 해결하자마자 모친께서는 업고 온 막내 때문에 허리도 아프시고 갑자기 일어난 전쟁으로 인한 큰 충격과 피난생활의 부담 때문에 몸살로 누우시게 되었으니, 우리 4형제는 앞이 캄캄해졌다. 형님과 나는 집주인의 도움으로 급히 강 건너 문막 시장으로 약을 구하려고 나섰다.

안창리 선착장 강가에 나아가 나룻배를 기다리는데… 여름날 오전이라 뽀얀 물안개가 물 위에서 사뿐사뿐 춤을 추며 하늘로 날아올랐다. 그 광경을 보자 참으로 오랜만에 소양강의 추억이 떠올랐다. '물장구 치고 개 수영도 하며 어항으로 고기 잡아 즉석에서 구워먹고 집에 와서 매운탕도 끓여 먹었는데….' 하며 나는 잠시 그때를 회상해 보았다. 당시 유리어항으로 물고기를 잡으려면 약간의 기술이 필요한데, 유리어항은 요즘 플라스틱 재질로 바뀌어 나와 깨지지는 않으나 가벼워 다루기가 쉽지 않다.

우선 물살이 아주 세지 않은 무르팍 정도의 물 깊이에서 밑둥을 단단하고 둥글게 돌담을 싼 후 안쪽에 모래를 채워 어항이 깨지거나 떠내려가지 않도록 자리를 잡아주되 주둥이가 물이 흐르는 방향으로 되게 하고 어항 양쪽을 모래로 약간 덮어준다.

어항 입구는 주로 흰 천(고기가 놀라지 않게)으로

싸맨 다음 고무줄로 묶고는 어항 뒷구멍에는 깻묵과 밥을 섞어 손바닥으로 꼭꼭 주물러 떨어지지 않도록 발라주고 조용히 기다리면 된다. 당시에는 공기며 물도 깨끗하고 물고기도 많아 강가에서의 철엽이 으뜸가는 놀이였다. 고기가 많이 들어가거나 쏘가리 같은 좀 큰 놈이 들어와 마구 흔들 때면 어항이 움직여 돌담에 부딪혀 깨지면서 고기가 모두 달아나기도 했던 그 기억이 문득 새롭게 떠오른다.

옛날 유리어항과 비닐어항 고기잡이

이런 날씨는 대개 경험으로 보아 높은 구름이 많이 끼고 아주 더운 날씨는 아니지만 후덥지근한 날씨일 터… 혼자 일기예보를 점치는 사이 나룻배는 어느새 강 건너 선착장에 도착하였다. 선착장에서 한참 걸어 문막 시장에 도착하였다. 그곳에서 물어, 물어 다행히 허름한 약방을 찾아내어 쌍화탕과 함께 몇 가지의 약을 구했고, 시장을 뒤져 호롱불(등잔불)과 양동이도 함께 사 왔다.

한편 모친께서 몸져누운 후 나와 형님은 부엌에 군불을 때고 가마솥에 밥도 짓고 이것저것 마구 집어넣어 잡탕 찌개도 끓였는데, 밥은 물을 제대로 못 맞추어 질거나 덜 익을 때가 많았고 짜고 싱거운 찌개로 동생들의 항의를 받고 곤욕을 치렀다. 그러나 불평을 계속할 처지가 못 되는 형편이라 싸온 장아찌 반찬과 함께 맛있게 먹곤 하였다.

모친께서는 2일 정도 쉰 후에 다시 집안일을 시작하셨으니 얼마나 다행인가. 이렇게 보름을 지내고 나니 당장 식량이며 반찬은 물론 밥 짓고 군불용으로 쓸 땔감 그리고 옷이며 일상생활에 필수적인 물품이 우리의 삶을 어렵게 만들었다. 다행인 것은 7월이라 추위도 없고 시골이라 야채 등 농산물도 많아서 큰돈 없이도 견딜 만하였다는 점이다. 하지만 이제 곧 겨울이 오면 어떻게 살지?

외지다보니 누군가에게 의지할 수도, 도움을 청하

는 것도 한두 번이지, 한계가 왔다. 우리 가족은 함께 앉아 방도를 생각해 보았다. 우선은 식량이 제일 중요하고 시급하니 갖고 온 용돈과 모친의 패물을 팔든지 양식과 바꾸어 확보하면 어느 정도 버틸 수 있을 것이다. 하지만 오래가지 못할 것이고 장기적으로는 춘천 집으로 돌아가든지, 가서 식량과 몇 가지 생활용품을 갖고 오는 방법이 있다.

그러나 우리 형제만 가기에는 위험부담이 너무 크고 특히 모친께서 용납하지 않으셨다. 당시의 이곳 상황은 적의 점령 지역이라 국가의 도움을 받을 처지가 못 되었고 그렇다고 적군이 민간인을 도울 입장이나 형편도 아니어서 피난민들은 자력으로 살아갈 수밖에 없었다. 그 당시의 전쟁은 아군이 있는 곳에 적이 있었다. 즉 군과 군의 대결이지 후방이나 측방은 아무런 행정력이 미치지 못하는 사각지대나 다름없었다. 어떻게 보면 시골이나 산골은 전쟁과는 무관한 듯 조용하고 피난민 외엔 별다른 변화가 없어 이게 전쟁인가 싶을 정도로 평온하다. 그래서 예부터 정감록에는 피해 없는 피난처를 소개했나 보다.

정감록에 있는 유명한 피난처를 십승지라 한다. 경북 영주시 풍기읍 금계마을/전북 부안군 보안면 반계리(호암굴)/전북 남원시 운봉읍/경남 합천군 가야면 가천리/전남 무주군 무풍면/충남 공주시 유구읍 사곡면/충북 보온군 내속리산/경북 예천군 용문면 상금곡리/경북 봉화군 춘양면 석현리/강원 영월군 상동읍 연하리. 이상 열 곳인데 한결같이 깨끗한 물이 흐르는 깊은 산골이다.

따라서 가는 길이나 춘천 시내는 적지이긴 하지만 아직 그들의 행정력이 미치지 못할 것이고 경비도 허술할 수밖에 없을 것이다. 때마침 하늘의 도움인가. 근처에서 피난생활을 하던 몇 분들도 우리와 같은 어려움에 처하게 되어 춘천으로 식량이며 생활용품을 가지러 간다는 소식이 왔다.

모친과 우리 형제는 재빨리 그들의 계획을 듣고 모친께서는 우선 형님만 어른들을 따라 보내기로 하였는데, 내가 곰곰이 생각해 보니 초등학교 6학년인 형님 혼자서는 가져올 식량과 생활용품의 한계가 있고 또 무서울 것이니 나도 가겠다고 나섰다. 그러나 모친은 두 아들을 함께 전장으로 보내는 것이 결코 용납이 되지 않으신단다.

그분들의 계획은 인적이 드문 시골길로 저녁 일찍 출발하여 중간에 양평 근교에서 자고 다음날 팔봉산 근처까지 가서 쉬는 계획이었다. 3일째 되는 날에는 새벽에 출발하여 춘천 근교에 도착한 후 낮에는 쉬면서 동정을 살피며 대기하고 있다가 어두워지면 각자 집으로 달려가 가져올 짐을 챙겨서 이 자리에 다시 모이자는 계획이다.

그날 저녁 나는 덩달아 떠날 생각에 소풍 가는 전날 밤 같아 좀처럼 흥분이 가시지 않았다. 저녁밥은 떠날 준비로 일찍 먹었는데 나는 저녁밥을 먹고 놀이터 간다고 집을 나와 길목에 숨어 있었다. 그런데 신고 있는 낡은 운동화가 걱정이었다. 내 운동화 옆 창이 조금 갈라져 틈이 커지기 시작하였는데 어떻게 춘천엘 갔다 올 수 있을까?

할 수 없이 노끈으로 발등을 묶어보았다. 불편하지만 갈 수 있을 것 같았다. 그 당시에도 상류층 가정은 구두며 운동화를 신고 우쭐거렸지만 거의 대부분의 가정에서는 검정 고무신을 신고 다녔고 어른들은 흰색 고무신을 신고 다니기도 하셨다.

아! 그때 드디어 출발 팀이 눈에 들어왔고 나도 대열에 끼려 하니 어른들이 오히려 방해가 된다며 거절하는 것이 아닌가? 나는 필사적으로 매달리며, 매일 아침 6시에 기상하여 형님과 함께 봉의산(우리 집 뒤에 붙어 있음)에 뛰어올라갔다가 내려오기를 몇 년간 계속하고 있으며 쌀 2말도 이곳까지 지고 왔으니 염려하실 것이 없다고 설득했다.

처음에는 형님도 모친 생각에 반대하였으나 함께 가면 외롭지 않고 만일 무슨 일이 생겨도 한 사람은 무사하지 않을까 생각하여 모친 몰래 함께 가기로 하였다. 우리 일행은 다행히 달 밝은 밤을 택하여 떠났는데 어른들의 걸음걸이가 빨라 우리 형제는 뛰듯이 따라갔고 촉촉한 이슬로 머리와 옷이 축축해져서 한기를 느꼈으나 워낙 빠른 걸음이라 좀 있으니 오히려 땀이 나기 시작하였다.

2시간 정도 걷고는 중간에 샘터에서 목을 축이고 잠

시 쉬며 누웠는데 밤하늘에 수많은 별빛이 반짝이며 고생한다고 손짓해 주는 듯 영롱했다. 달님의 얼굴에서 토끼가 방아 찧는 모습도 상상하며 찾아 볼 수 있었다. 혼자 생각에 혹시 달에 토끼 모습이 있으니 외계인이나 동식물이 살고 있는지도 모르지….

밤이 되니 춥고 낮이 되면 더워지는데 태양은 무엇으로 빛을 만들어 지구까지 따뜻하게 해줄까?

저렇게 많은 별들이 반짝반짝 빛나고 있는 것을 보니 그곳에도 전깃불이 있는가 보다. 큰 별 작은 별 헤아려 보려니까 서로 자리를 바꾸는 듯 깜빡이고 너무 많아 혼란스럽구나.

더구나 벌레소리 요란한데 이건 또 무슨 소리야!

야밤에 "솟쵸, 솟쵸, 소쩍", "솟솟쵸, 솟솟쵸…" 하고 운다. 저 멀리 야산에서 아련히 들려오는 피를 토하는 소쩍새 소리가 사람의 마음을 후벼 파는구나!

오래전부터 소쩍새와 관련해서는 다음과 같은 구슬픈 전설이 전해 온다고 하는데….

소화는 찌들게 가난한 집안에서 태어나 애면-글면으로 어렵게 살았지만 성격이 밝고 마음이 착한 소녀였다. 그녀가 열여섯 살이 되던 해 이웃고 부잣집에 시집을 간다.

시집온 첫날에 시어머니는 소화를 불러 놓고 "오늘부터 너는 우리 집 식구가 되었다. 밥을 많이 하면 찬밥이 생기니 꼭 한 번만 하도록 해라." 하면서 밥 짓는 요령부터 일러 주었다."이건 시부모님 진지, 이건 서방님 진지, 이건 시누이 것." 소화는 지극한 정성으로 밥을 담았다. 그러나 늘 자기 먹을 것이 없었다. 불쌍하고 한 많은 소화는 죽어서 한 마리 새가 되어, 솥이 적어 굶어 죽었다는 원망의 소리로 "솥적 솥적" 하고 울고 다녔기에 '솥적새'라 불렀다는 전설이다.

생각하기 나름이지만, 새소리도 슬플 때는 처량하게 들리고 즐거울 때는 꾀꼬리 소리로 들리니 마음의 갈피를 평정하기가 어렵구나. 고요한 밤에 졸졸졸 물소리와 함께 벌레 소리도 자장가처럼 들려와 잠이 올 것 같았으나 땀으로 흠뻑 젖은 옷 냄새를 찾아 귀신같이 찾아온 모기떼가 극성이다. 이럴 땐 쑥을 태우면 그 연기로 모기가 덤비지 못하는데…. 그러나 불을 피우면 우리의 위치를 알리게 되어 위험에 빠질 수 있어 그냥 참을 수밖에 없었다. 이런 고약한 것들! 수건으로 마구 흔들어 쫓고는 혼잣말로 중얼거렸다.

굼벵이는 징그러워도 영양가가 있어 튀겨 먹기나 하지, 요놈은 피나 빨아먹고 전염병이나 옮기는 쓸모없는 악충이지 않나. 이런 종류의 인간들도 의외로 많은 것 같다고 생각하며 혼자 웃었다.

그러나 여기서 잠깐! 이참에 모기의 먹이사슬을 알아보고 배워보자. 모기의 천적은 사람을 제외하면 미꾸라지란다. 미꾸라지는 하루에 모기 유충 1천 마리를 먹는 것으로 알려져 있다. 모기는 알-유충-번데기 시기에는 물속에서 살다가 알에서 성충이 되기까지는 평균 10~16일 정도 필요하단다. 일단 성충이 되면 1개월 정도 산다. 그러나 천적들에 의해 많이 죽어 평균수명은 5~10일 정도로 알려져 있다. 곤충들 중에는 모기를 주된 먹이로 삼는 곤충들도 많다. 이렇게 보면 착한 역할도 하는 셈이니 마냥 악충으로 몰아갈 수도 없나 보다.

첫째로 모기 성충의 천적은 새, 박쥐, 개구리, 잠자

리, 거미 등이고, 둘째로 모기 유충의 천적은 미꾸라지, 물새, 물고기, 물방개, 수생곤충 등이다.

모든 모기가 피를 빨아먹는 것은 아니다. 산란기의 암컷모기만이 피를 빨아먹는다. 교미를 한 암컷모기는 몸속에서 알을 키우는데, 이때 동물성 단백질이 많이 필요하단다. 암컷모기는 자식을 위해 사람의 피를 빨아먹는 것이다. 모성애는 위대하다. 하지만 산란기가 아니면 벌처럼 식물의 꿀이나 수액樹液을 주식으로 한다. 모기는 흡혈대상을 찾을 때 동물이 발산하는 이산화탄소, 체취, 체온, 습기 등을 이용한다. 아뿔싸! 알고 보니 모기도 자연생태계를 보호하는 유익한 곤충이고 훌륭한 먹이사슬이구나!

모기떼에 손든 할아버지

소쩍새

이왕에 동식물들의 천적 이야기가 나왔으니 중국의 모택동 주석 때 얘기도 해본다. 모택동 주석이 중국을 통일할 무렵 식량자급을 목표로 전국 농민을 독려하던 때였다. 참새들의 극성으로 벼 이삭을 닥치는 대로 먹어 치우는(쌀 생산량의 1/3을 먹었다고 함) 상황에서 참새를 모두 잡으라는 엄명과 함께 포상금까지 걸고 소탕작전을 전개하여 거의 전멸을 시키고 말았는데, 큰 문제는 그 다음부터 일어났다고 한다.

참새가 없으니 메뚜기가 벼의 진을 빨아먹고, 거미가 벼 이삭 사이로 망을 여기저기 펼쳐서 쭉정이를 만들고, 들쥐들이 습격하여 벼 이삭을 훔쳐가고…. 결국은 더 큰 피해를 보게 되었으니 천적 상호 간의 자연생태계를 무시한 무모한 명령이 아닌가?

그러나 사실 우리나라도 한때 쥐잡기 운동을 하기도 하였는데, 쥐잡기 전투라! 이는 결코 과장이나 은유가 아니다. 한국인에게 쥐는 원수 같은 존재였다. 아니, 원수였다. 부족한 쌀을 축내는 주범이었기 때문이다. 쥐잡기 역사는 광복 이후부터 본격화되었다. 이승만 정부는 1947년 12월부터 이른바 쥐잡기 캠페인을 시작했다. 쥐잡기는 "쌀을 훔쳐 먹는 쥐를 박멸하자."는 구호 아래 현상금까지 내걸었기 때문에 한국인들에게 큰 인기를 끌었다. 당시 신문에 게재된 한 쥐약 광고는 이렇게 말하고 있다.

"쥐 없는 가정은 명랑한 가정, 조국을 위하여 쥐를 잡자!"
한국인이 사활을 걸고 쥐잡기에 나선 것은 박정희 정권 이후였다. 박정희 정권은 이승만 정부에서 시작된 쥐잡기 운동을 식량안보 차원에서 범국민적인 운동으로 추진해 갔다. 극장에서는 영화를 시작하는 종이 울리면 혼분식을 장려하는 내용과 함께 쥐를 잡자는 내용의 대한 뉴스가 방영됐다. 당시 농림부에서 쥐잡기 운동을 주도했던 전순표 씨에 따르면, "60년대 초까지도 전국 창고에서 쥐가 먹어 치우는 쌀이 연간 300만 섬(1년 생산량의 10%)이나 돼 쥐잡기는 식량 확보와 직결된 절실한 과제였다."고 한다. 사정이 그러했던 바 소중한 쌀을 갉아먹는 쥐는 '관용'의 대상이 될 수 없었다. 동네 곳곳에는 "쥐는 살찌고 사람은 굶는다.", "한 집에 한 마리만 잡아도 수만 명이 먹고산다." 등의 구호가 적힌 선

전물이 요란스럽게 나붙었다. 70년대에 들어 박정희 정권은 말단 행정조직인 통과 반, 면 등을 통해 집집마다 쥐약을 나눠주고 전국적으로 일시에 쥐약을 놓도록 했다.

시골 지역에서는 동네 이장들이 가을 녘 추수 때만 되면 "쥐를 잡아야 우리나라가 잘살 수 있다."고 확성기에 대놓고 고래고래 소리를 질러댔다. 당시 잡은 쥐의 털로 이른바 '코리안 밍크'라는 것을 만들어 외국에 수출했을 만큼 쥐잡기 운동은 강력하게 진행되었다.

쥐를 잡는 방법도 다양했다. 쥐약과 쥐덫은 물론이고 쥐가 좋아하는 생선대가리에 양잿물을 뿌려놓고 쥐를 유인해 죽이는 방법 등 갖은 방법이 동원됐다. 쥐잡기는 가족이 총출동해야 하는 전쟁이었다. 학생들 역시 쥐잡기 전쟁의 훌륭한 전사들이었다. 매년 봄과 가을에 쥐잡기 철이 되면 초중

고교 학생들은 쥐잡기 포스터를 그려야 했고 할당량이 떨어져 한 달에 몇 마리씩 잡은 쥐의 꼬리를 학교에 가져가 구서驅鼠 실적을 검사 받아야 했다. 쥐꼬리를 검사하는 날엔 교실에 쥐꼬리가 수두룩했다.

쥐는 잡아도, 잡아도 끝이 없었다. 번식력이 강한 쥐는 20일에 불과한 짧은 회임기간과 많은 숫자의 출산은 다산의 대왕이기 때문이다. 1월에 12마리, 2월에 다시 12마리의 새끼를 낳으면 1년이면 296억 8,275만 4천 마리가량 된다니 가히 천문학적 숫자로 불어나는 셈이다.

비위가 강한 학생들은 시궁창에 죽어 있는 쥐를 건져 꼬리를 잘라 학교에 가져갔다. 하지만 쥐꼬리를 자르는 일은 여간 괴로운 일이 아니었다. 특히 여학생들에게 쥐꼬리 수집은 고역 중의 고역이었다.

그러나 할당량을 채우지 못하면 꾸중을 들어야 했다. 아이들의 쥐꼬리 구하기는 필사적일 수밖에 없었다. 그래서 쥐를 잡거나 쥐꼬리를 자를 엄두가 나지 않았던 아이들은 쥐꼬리와 비슷한 대용물을 대신 학교에 가져가기도 했다. 가장 인기 있었던 게 바로 오징어 꼬리였다. 오징어 꼬리를 흙에 문대고 삶아 말리면 쥐꼬리와 비슷해 선생님 눈을 속일 수 있었던 것이다. 먹을거리가 풍족하지 않았던 시절이라 오징어 꼬리는 귀한 음식이었다. 하지만 할당량을 채우기 위해서 어쩔 수 없이 오징어 꼬리를 희생해야 했다. 그러나 쥐잡기 운동으로 인해 늑대나 여우 등의 야생동물의 숫자가 급속히 줄어드는 예기치 않은 사건이 발생했다. 쥐약을 먹고 죽은 쥐를 잡아먹은 짐승들이 약에 중독되어 비명횡사한 것이다. 쥐잡기 운동은 70년대를 거쳐 80년대까지 이어졌다.

– 출처: 농촌진흥청

이 같은 정책이나 목표의 실행에는 항상 음양이 있어 양쪽을 동시에 검토하여 장·단기적으로 어느 쪽이 회사나 국민(국가)에게 더 유익하고 가치가 있는지 반드시 검토해 볼 필요가 있다. 그런데 위정자들은 가끔 인기를 얻거나 표를 의식하여 졸속으로 우선 집행하고는 그 후유증으로 국고를 탕진하고 애꿎은 국민들만 고달프게 만들기도 한다. 나라의 중요정책을 공약처럼 정해두고 충분한 검토, 평가나 공유도 없이 시장과 국민을 상대로 연습하듯 집행하는 것은 아주 무책임한 행위라 할 수 있다.

한편, 좀 쉬고 나서 출발하려는데 그때 불현듯 모친 생각이 났고 눈물이 핑 돌았다. 모친의 반대에도 불구하고 따라왔으니 얼마나 애타게 기다리실까? 정말 불효막심하구나! 떠날 때 배웅 나온 사람들에게서 내가 형을 따라가더라는 소식은 들으셨을 것이다. 우리가 무사히 돌아올 때까지 얼마나 애타게 기다리실까 하고 생각하니 발걸음이 무겁다.

우리 일행은 2번째 쉼터에서 밤참을 먹었다. 모친께서 밤에 배고프다고 양을 좀 많이 싸 주신 데다 함께 가시는 어른들이 먹을 것을 나누어 주셔서 배불리 먹을 수 있었다. 또다시 걸음을 재촉하여 양평에 도착하여 비어 있는 시골집 방 한 칸을 정리하고 잠을 청하니 세상 모르게 모두가 잠에 빠져들고 말았다.

아침 일찍 주먹밥을 나누어 먹고는 다시 출발하여 능선 2개를 넘어야 했는데, 밤새 이슬이 내려 신발은 축축하게 젖어오고 산길이 험해 짐승이나 적군이 튀어나올 것 같아 진땀을 빼면서 겨우 팔봉산 근처에 도착하여 다시 하룻밤을 쉬었다.

팔봉산 입구

다음날 남춘천에 무사히 도착하여 빈집에 숨어 들어가니 웬 노인장께서 계시는 게 아닌가. 깜짝 놀라 사연을 말씀 드렸더니 큰 방을 하나 내어주시고는 말씀하시기를, 노인들은 대부분 집에 남아 있었단다. 그들도 동족이요 인간인데 아무 죄 없는 늙은 우리들을 설마 죽이겠는가 하고 남아 있었다는 것이다.

도시 한복판만 점령하고 지나갔을 뿐 변두리나 시골은 전쟁 중이라 남겨둘 병력이나 행정력이 미치지 못한 모양이다. 참 다행이라 생각되었다. 우리 일행은 주인장의 도움으로 아침을 얻어먹고 피곤한 몸을 우선 쉬게 하면서 저녁이 오기만을 기다리기로 하였다.

한잠 자고 나서 오후가 되어 밖을 살펴보니 정말로 이상하게 조용하다. 그 적막감이 오히려 우리를 불안하게 만들었고 그래서 좀 늦게 어두워질 무렵 각자의 집으로 가기로 하였다. 그 사이 우리 일행은 위험하기도 하고 궁금하기도 하여 주인장께 춘천의 전쟁 상황을 여쭈어보았다. 소양강 다리 쪽에서 3일간 격전이 벌어졌다는데 수많은 적을 무찔러 다리 위에는 적군의 시체가 쌓일 정도였고, 육박전까지 감행하여 아군도 많은 피해를 입고 3일 만에 춘천을 내주고 원주로 퇴각하게 되었단다. 노인장의 이야기를 듣고 나니 지금은 격전 상태가 아니라서 좀 안심이 되었다. 어두워지기 시작하여 우리는 각자의 집으로 떠났다.

우리 형제가 집에 도착해 보니 아! 본채와 사랑채는 반파된 모습이었다. 제사製絲 공장은 완파되었고 어름 창고는 지붕이 불에 타서 폭삭 주저앉아 있었다. 무너진 본채로 헤집고 들어가 지하로 통하는 문에 당도하니 다행히 문은 그대로 잠겨 있었다.

우리집은 1층이지만 지하창고에 쌀독을 묻어 곰팡이나 쥐들의 습격을 막아왔다. 우리는 대충 통로를 확보하고 성냥을 찾아 나뭇가지에 불을 붙여 밝히면서 우선 쌀 두 말과 장 종류는 형이 메고, 나는 쌀 한 말과 부엌에서 챙겨 나온 장아찌와 옷가지 등도 등에 멨다. 우리는 언제 닥칠지 모르는 위험 속에 그저 두려운 나머지 출입문에 헌 물건들을 덮어 위장을 해놓고는 뒤도 돌아보지 않고 빠져나와 약속장소를 향해 잰걸음으로 달렸다.

본래 부친께서는 해방 전부터 사업가였다. 부친이 현재의 소양로 본가는 물론 사농동의 농토며 후평동의 과수원 그리고 산판용 산도 마련해 두신 것을 한참 후에나 알게 되었다. 그 후 형님의 사업자금으로 대부분의 재산이 남의 손으로 넘어가고 농토만 남았다. 자고로 사업은 내 돈을 종잣돈으로 삼고 사업의 진전에 따라 타인 자금을 융통하여 운영해야 그것을 갚기 위한 부담감이나 의무가 생겨 열심히 뛰게 되지, 내 돈으로만 운영하려 하면 자금의 한계도 곧 닥쳐올 뿐만 아니라 안이해지기 쉽고 죄의식이나 책임의식이 반감될 수도 있다. 사실 자기 재산 팔아 사업하는 사람치고 성공한 사람은 별로 못 보았다.

곰곰이 생각해 보니 부친께서 경영하시던 사업의 회사의 이름은 '대릉상회'로서 그 첫 번째가 제사 공장인데 학교 가고 올 때마다 출입구 쪽의 공장에서 째까닥 째까닥하던 기계 소리가 귀에 익기 때문이다. 일제가 남기고 간 시설을 인수받아 누에고치에서 실을 뽑아 비단을 짜서 주로 서울로 보냈다. 시설이라고 해봐야 공장에서 여공들이 하루 종일 물레를 돌리면 물속에 담아 놓은 고치에서 실이 풀리면서 번데기의 모습이 드러나며 실이 물레에 감기고 그것을 직기로 연결하면 천이 짜지는데… 직기 돌아가는 소리가 째까닥, 째까닥 신기하기도 했다.

이때 번데기는 건져서 깨끗한 물에 씻어 말렸다가 볶아 먹거나 번데기에 양념을 곁들인 뒤 삶아서 조리하면 고소하고 고단백이어서 한때 우리가 즐기던 음식이기도 하다. 먹거리가 귀하던 때에는 술안주로도 흔히 먹었으며, 고소한 맛이 나는 번데기는 다이어트 음식으로도 알려져 있다.

우리나라 양잠산업은 단군 조선시대에 이미 장려한『환단고기』에 기록이 전해 내려오고 있는데 누에는 알-> 애벌레-> 번데기-> 나방 순으로 탈바꿈하면서 약 49일을 한살이로 사는 곤충으로 뽕잎만 먹고 산다. 이 과정에서 번데기를 이용하여 실을 뽑아 사용하는 것이다.

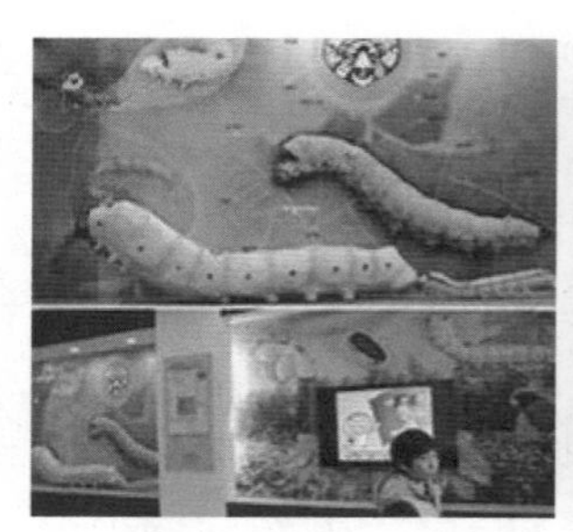
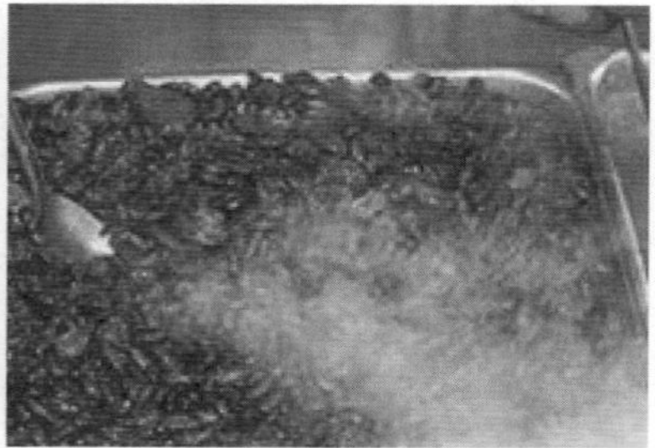

누에고치와 번데기 볶음

두 번째가 얼음사업으로 기억된다. 여름에 얼음창고에서 시원하게 낮잠 자던 기억이 나기 때문이다. 얼음 사업은 여름 한철 사업이었는데, 그때는 소양강물을 그대로 마셔도 될 만큼 맑고 깨끗하여 겨울에는 허가를 얻어 얼음을 채취하셨다. 당시에는 지금보다 혹한酷寒이라 1~2미터 이상 강물이 꽝꽝 얼어붙은 상태였다. 얼어붙은 강물은 썰매는 물론 스케이팅을 타는 장소로 전국체전이 여기서 열리기도 하였다. 얼음 채취는 흥겨운 노랫가락에 맞추어 흥부가 박을 켜듯이 한 사람 또는 두 사람이 양쪽에서 큰 톱으로 얼음을 켜 와서는 조각난 얼음 사이사이에 왕겨를 뿌려 서로 달라붙지 않도록 창고에 보관하였다가, 한여름 더울 때 냉장·냉동 시설이 없는 창고나 냉면집 그리고 생선 가게나 빙수 집 등에 단골로 공급하신 것으로 기억된다.

얼음 채취 작업

세 번째는 벌목 및 제재소 사업인데, 산판에 따라갔

다가 차가 뒤로 미끄러지는 바람에 혼쭐이 났기 때문에 기억난다.

당시에는 산에 나무들이 울창하던 때라 허가를 얻어 벌목을 해 놓으면 잔가지를 쳐내고는, 미군이 폐차한 GMC를 개조하여 산에서 직접 실어오거나 소양강이나 북한강 상류에서 뗏목으로 운반해 와서는 집 짓는 재목을 만드는 제재소도 운영하셨다. 나도 한번 용기를 내어 트럭을 타고 산판에 갔었는데, 어찌나 길이 험한지 오장육부가 다 흔들려 토할 것 같았고 거의 30~40도 경사 길을 오르고 내리는데 어떤 때는 차가 아래로 1~2미터나 미끄러져 내려가는 바람에 아찔하여 조수석 밑으로 숨었던 기억이 난다.

그때의 GMC는 전쟁용으로 제조된 것이라 힘이 좋아 소위 후생사업 명목의 상용商用으로 인기가 많았다. 앞뒤 대호기어를 넣으면 가파른 경사 길도 나무를 한 차 가득 싣고도 거뜬하게 올라올 수 있었다. 차로 실어온 재목은 바로 강가 하역장에 옮겨 놓고, 한편으로 뗏목이 도착하면 무사귀환을 기념하여 돼지를 잡고 막걸리로 환영행사를 하기도 하였다. 행사가 끝나면 나무를 언덕 하역장으로 옮긴 후 함께 껍질을 벗겨 원목은 집 짓는 재목으로, 껍질은 햇빛에 말려 땔감으로 활용하였으니 톱밥을 포함하여 버릴 것이 하나도 없는 사업이었다.

껍질얘기가 나왔으니 덧붙인다면 소나무 껍질을 벗겨서 안쪽의 하얀 부분을 긁어먹으면 달달하여 배고픈 시절 허기를 달랠 수 있었는데… 깊은 산에서 길을 잃었을 때 요긴하기도 하거니와 소나무에 물이 오르는 4~5월에는 속껍질(섬유질)을 긁어 넣고 '송기밥'을 해 먹기도 하였다네요. 2차 대전 때는 일본군이 모자라는 기름을 보충하려고 우리나라 전국의 굵은 소나무에 깊은 칼자국을 내고 송진이 흘러나오면 그것을 모아 공장에서 군용기름을 제조하여 사용하였다. 지금도 큰 사찰 입구에 우거진 늙은 소나무 밑동을 보면 그때의 굵은 칼자국이 선명하게 남아있는 모습을 볼 수 있다. 이 모습은 당시의 애환을 일깨워주고 있다.

그 당시엔 한양으로 향하는 뗏목들이 광나루까지 가기 위하여 춘천을 경유하였는데 그 쉼터가 소양강 다리

밑에 자리 잡고 있는 도치거리였다. 뗏목꾼들은 춘천에 도착하면 도치거리에서 쉬어갔다고 전한다. 그때 뗏목꾼들의 품값이 왕복 한 번에 12원(쌀 80킬로그램)을 지불했다고 하니 당시로는 대단한 금액이다. 물론 춘천까지는 1/3 값을 지불했지만 말이다. 그래서 도치거리 나루에는 주막과 여자들이 뗏목이 내려오면 그들을 유인하여 음주와 가무로 그간의 피로를 풀어 주었다고 전한다. 도치거리라는 단어의 도치는 고전 우리 소리의 '뗏목 아리랑'에서 등장한다. 도치는 동해안에서 2월까지만 알배기 도치를 맛볼 수 있는 아주 귀한 생선으로 그때 도치요리를 하는 장터에서 유래하지 않았나 생각되네요.

뗏목 아리랑

우수나 경칩에 물 풀리니
합강정 뗏목이 떠내려오네
아리아리 쓰리쓰리 아라리오
송산에 포아리를 돌아만 가세
도치거리 갈보야 술 거르게
보매기 여울에 떠내려오네
아리아리 쓰리쓰리 아라리오
뉘역바위 덜머리로 돌아만 가세

봉의산 정자는 구경정자
소양강 정자로 만나보세
아리아리 쓰리쓰리 아라리요
신연강 포아리를 돌아만 가세

…(중략)…

뗏목과 도치라는 생선

그러나 아, 박복薄福하신 우리 아버지, 그리고 우리 가족이여! 해방과 더불어 다른 사업의 기회가 찾아왔는데 독립운동의 고초와 후유증에서 벗어나 이제 마음 놓고 젊음을 불태워 사업에 매진하려는 그때, 아버지를 하늘나라로 데려가시다니….

일제가 버리고 간 차량이나 미군에서 불하 받은 폐廢자동차를 수리하는 공장을 인수하시어 의정부에서 사업을 확장하시려던 차였다. 너무 무리한 나머지 그만 그곳에서 뇌출혈로 갑자기 돌아가시게 되었다. 의정부에서 차로 운구 되어 집으로 오시던 날, 우리 가족이 슬픔 속에서 그저 엉엉 울던 모습을 평생 잊을 수가 없다.

지금도 뇌출혈은 아주 위험한 병이지만 의술이 낙후되었던 그 당시로서는 불가항력이었을 것이다. 아버지는 어쩌면 사전에 몸에 오는 신호를 무시하신 것이 아닌가 안타까울 뿐이다. 붕대로 감싼 머리 부분의 피범벅이며, 상의까지 피로 흠뻑 물들어 있었던 마지막 모습…. 아, 아버지의 모습이 처참하고, 그립고, 아련할 뿐이다.

사실 아버지는 사업으로 늘 바쁘셨고 집에 오시는 날은 우리가 잠들어 있는 날이 많아 아버지와 함께 식사하거나 마주한 일도 적다. 우리와 놀아주신 기억 또한 많지 않아 애틋한 정은 별로 없다. 게다가 어머니에게 엄청난 정신적 고통만 남기고 떠나신 아버지가 원망스럽기도 하였다. 남들이 누리는 아버지의 묵직한 사랑이 아쉬워 아버지의 존재가 평생 한으로 남아 있다.

그런 갑작스런 비극으로 우리 가족은 혼란에 빠졌다. 그 수습과 뒤처리로 정신없이 1년이 경과되던 바로 그날, 아버지의 소상일小祥日에 하필 6 · 25가 터지고 말았다. 이때부터 우리 가족의 수난사가 시작된 것이다.

더구나 아버님은 해방 전 사업을 하면서 상해 임시정부에 군자금을 비밀로 보내거나 주로 청년회 활동과 사회계몽 활동 그리고 만세시위 및 독립운동 비밀결사 단체에 가입하여 활동하시다가 발각되어 서대문형무소에서 2년 넘게 옥고를 치르기도 하셨다. 또한 동아일보 기자 및 춘천지국장을 하시면서 독립단체에 정보를 제공하거나 그런 단체들을 비호庇護하시는 등 적극적으로 활동하셨지만 안타깝게도 그때의 문서나 사진 등 증명할 만한 것이 전쟁 중에 모두 불에 타고 남은 것이 하나도 없다. 게다가 그때 함께 협력하시던 분들도 모두 돌아가셨기 때문에 그 애국적인 뜻을 공적으로 간직할 수 없어 안타까워하던 차에 하늘의 도움인가? 때마침 춘천의 독립운동 단체에서 독립운동가 11명을 발굴하여 춘천시와 보훈지청에서 아버지를 서훈신청 하였다는 소식을 듣게 되어 너무너무 기뻤다.

나도 금년 4월 형님께서 돌아가셨을 때 집안 어른들이 모여 부친의 독립운동에 관하여 지나가는 말씀으로 들려주시기에 혹시나 해서 보훈청에 검색방법을 안내받아 찾아보았다. 아버지의 독립운동 기록이 여기저기 많은 것을 보고 놀라움과 흥분을 감출 수가 없었다. 모친은 왜 이런 사실을 끝까지 자식들에게 숨기고 돌아가셨을까? 아마도 수시로 사업 핑계를 대시며 외박하는 부친이 미워서? 그게 아니라면 부친께서 가족의 안위를 위해 독립운동 사실을 비밀로 하셨을 것이라는 짐작뿐이다. 그 당시 부친의 활동내용을 간추려 보면 다음과 같다.

첫째, 강원도 사회운동자 발기인 및 춘천청년회 혁신총회 조사부장(당시 동아일보 기자).

둘째, 신진청년회 발기인 및 강원/조선 청년연맹 가입 주도(소년회 조직/신간회 지원/계몽강연회 개최/만세시위/독서회 개최 등).

셋째, 동아일보 춘천지국장 임명.

넷째, 치안유지법 위반으로 서대문형무소에 2년간 수감 및 일제의 감시대상 인물로 등재.

다섯째, 1945년 8월 16일 해방과 함께 강원도 자치위원회 구성 후 건국준비위 강원지부로 발족하고 그 조직부장으로 임명되어 건국활동에 참여하시기도 하였다.

서대문형무소에 계실 때의 아버지 모습

한편 우리 일행은 무사히 문막 안창리로 돌아왔다.

모친께 혼쭐이 났지만 그래도 대견한 생각이 드신 듯 머리를 쓰다듬어 주시면서 연방 고생했다 하시며 눈물을 글썽이셨다. 그러나 이것으로 잠시 안정을 취할 수는 있어도 생활고가 끝나는 것은 아니다. 집으로 돌아가지 못하는 한 또 겪어야 할 상황인지라 장기대책을 생각하여 미리 준비해 나가기로 하였다. 왜냐하면 그 사이 북한군은 원주를 거쳐 남으로 내려갔고, 중요 도시들을 제외하면 그들의 행정력이 미치지 못하는 시골은 전쟁과는 별개의 분위기로서 어떻게든 스스로 굶지 않고 살아가야 하기 때문이다.

굶는다는 것, 최후의 시간 아닐까요?

사람은 굶어봐야 밥이 최고요, 밥이야말로 건강의 원천이란 사실을 알게 되며 목말라 봐야 물이 생명이요, 하늘이라는 것을 깨닫는다. 인간에게 있어 가장 큰 고통과 슬픔을 안겨주는 이 공포는 겪어보지 않고는 그 처지를 이해하기 힘들 것이다.

사실 배고픔이란 인간이 마지막 단계에 진입함을 의미한다. 즉 눈에 보이는 것이란 모두 먹는 것으로 환영幻影되니 선량한 사람도 불법을 자행하지 않을 수 없게 만들지만 심지가 굳고 원대한 목표가 있는 사람들 중에는 배고픔, 즉 가난을 스승으로 삼고 성공하는 사람도 많습니다.

문막에서의 생활이 잠시 안정되자 나는 학교생활이 궁금하여 그곳의 국민학교(현 초등학교)를 찾아 나섰다. 인근 판대리에 판대국민학교가 있었는데 전쟁 중이라 정규수업은 없었고 다만 운동장에 친구들끼리 옹기종기 모여 줄넘기며, 제기차기를 하거나 철봉에 매달려 노는 것이 고작이었다.

나는 잠시 춘천의 소양국민학교 친구들 생각이 떠올라 멍하니 상념에 잠겼다. 국민학교 2학년 때인가? 아버님 사업 때문에 의정부 시골 과수원에서 얼마간 살았던 기억이 있다. 학교를 가다 보면 작은 개울이 흐르고 있었고 나지막한 돌다리로 개울을 건너다녔다. 때로 비가 오면 돌다리가 넘쳐 어른들이 나를 업고 건너던 때도 있었다. 학교까지는 거리가 있는지라 비가 오면 가끔씩 지각을 하게 되었는데 그때마다 여자 선생님께서는 내 볼을 꼬집어 잡아당기시는 바람에 눈물이 찔끔찔끔 나오곤 했다. 게다가 두 손 들고 서 있는 벌까지 주셨답니다. 얼굴은 복스럽게 생기셨는데 마음씨는 좀 고약했나 보다. 그 선생님의 모습이 지금도 선합니다. 하하하. 그리운 학교 친구들아! 모두들 다치거나 부상 없이 무사히 돌아와 기쁘게 만나자. 그동안 움츠렸던 공포와 불안의 잔재를 말끔하게 털어내고 마음껏 뛰놀아 보자꾸나!

친구들과 신나는 물놀이

전쟁명언

An eye for an eye only ends up making the whole world blind.

눈에는 눈 식의 보복을 고집한다면 모든 세상의 눈이 멀게 된다.

– 마하트마 간디

I look upon the whole world as my fatherland, and every war has to me the horror of a family fued.

나는 온 세상을 나의 조국으로 간주한다. 그래서 모든 전쟁은 나에게 가족 불화의 공포를 준다.

– 헬렌 켈러

You can't say that civilization don't advance, however, for in every war they kill you in a new way.

문명이 발전하지 않는다고는 할 수 없지만, 매 전쟁에서는 사람을 죽이는 새로운 방법이 개발된다.

– 윌 로저스

제4막

찹쌀떡과 장기생활 대책

모친은 음식솜씨가 좋아 모든 반찬이 일품이었다. 특히 찹쌀떡은 기가 막히게 맛이 있어 자타가 공인하는 맛이었다. 그래서 찹쌀떡을 만들어서 팔아보기로 하고 재료를 사 왔다. 가족이 함께 도와 1차로 100개를 만들어 2/3는 시장에 팔고 나머지는 주인집에 고마운 인사 겸 드리고 우리도 먹기로 하였다. 모친과 나는 아침 일찍 문막 재래시장에 나가 입구에 좌판을 깔고 앉아 장사를 시작했다.

사실 전쟁 중에 누가 찹쌀떡을 사 먹을 것인가? 시장에서 아는 사람을 만날까 싶어 두렵고 창피하다는 생각이 들었지만, 이것은 장난이 아니라 생존의 문제였다. 꾹 참고 기다리는 동안 사람들이 장을 보러 나오기 시작했다. 그들은 찹쌀떡을 내놓은 광경을 신기한 듯 바라보더니 가격을 묻기 시작하였다. 좀 말쑥한 부인이 맛을 볼 수 없느냐고 묻길래 떡 한 개를 건넸다. 부인은 맛있다며 10개를 사가셨고 그럭저럭 70개를 모두 팔게 되었다. 그렇게 하여 모친의 찹쌀떡 사업은 9 · 28수복이 될 때까지 거의 4개월간 계속되면서 우리 가족의 젖줄이 된 셈이다.

그 사이 우리 형제도 무엇이라도 돈이 되는 일을 하기로 하고 산에서 땔감을 해와 팔아보기로 하였다.

그 당시는 부엌에서 밥을 짓든 방에 군불을 때든 모두 나무를 사용하던 때였다. 땔감이 없으면 늘 불안하여 틈만 나면 시골 어른들은 장작을 준비해 놓았으나 시내에 사는 사람들은 시장에서 사서 쓸 것이니 장작을 준비해 나가면 잘 팔릴 것 같았다.

우선 주인댁의 낫과 톱 그리고 지게를 빌려 뒷산으로 올라가 살펴보았다. 낮은 곳은 벌써 벌목되어 땔감이 별로 없고 높이 올라가야 했다. 그러나 그 높은 곳에서 힘없는 우리가 얼마나 어떻게 나무를 지게에 지고 내려올 수 있단 말인가? 궁하면 통한다 했던가.

높은 곳에서 아래로 굴리면 되겠구나 생각하고 일단 높은 곳으로 올라갔다. 만만한 나무부터 자른 후 가지치기를 하였다. 통나무는 그대로 하나씩 아래로 굴리고 잔가지들은 칡넝쿨로 칭칭 감아서 아래로 굴렸다. 와, 대성공이다! 우리는 산에서 내려와 나무를 지게에 정리하고는 냇가에서 쉬면서 머리도 감고 그간 흘린 땀을 씻었다. 그 당시는 머리를 기르면 이가 생기기 때문에 머리를 박박 깎아 까까중이라 놀림을 받곤 했다. 하지만 머리를 감을 때는 짧은 머리가 더없이 편하고 간단했다.

그런데 문제가 생겼다. 그래도 머리를 쓴다고 통나무는 지게 밑쪽에 깔고, 잔가지는 그 위에 욕심껏 싣고 보니 일어나기도 힘들거니와 걷는 것조차 중심 잡기가 힘들었다. 겨우 일어나 몇 발자국 가다가 중심을 잃고 결국 엎어지고 말았다. 지게를 빈 것으로 짊어지기는 쉬워도 짐을 잔뜩 얹으면 그때부터 요령이 있어야 되고, 걷는 것도 다리는 물론 어깨며 허리에 힘의

배분이 맞아야 걸어갈 수 있다. 다행히 다치지는 않았으나 그것도 요령과 경험이 있어야 했다. 욕심은 금물禁物이란 사실을 깨달은 셈이다.

우리는 조금씩 나누어 메고 집으로 돌아와 1차로 통나무로는 장작을 만들고 잔가지는 집에서 쓰기로 하였다. 다음날 우리는 장작을 조금씩 등에 지고 문막시장으로 갔다. 우리는 땔감을 파는 곳에 자리 잡고 앉아 기다렸다. 그런데 감사하게도 지나가던 어떤 분들이 어린 것들이 객지에서 고생한다며 장작을 팔아주셨다. 큰돈은 아니지만 우리가 해냈다는 자부심으로 충만했고 기쁜 마음으로 모친이 계시는 곳까지 달려갔다. 모친은 우리 얘기를 들으시고 너무 놀라시며 우리 손을 꼭 움켜잡으시고 여기저기 다친 손을 어루만지며 눈시울을 적시셨다. 그러시고는 적게 먹고 아끼면 되니 이런 위험한 일은 제발 그만두라고 말씀하신다. 우리는 모처럼 장터에 있는 국밥집에서 외식을 하고 돌아오는 길에 동생들이 좋아하는 풀빵도 사왔다.

당시의 시장과 나무시장

이후 우리는 한가할 때면 근처 산에 올라가 솔방울도 주워와 군불용으로 사용하였고, 일주일에 한 번꼴로 땔나무를 해 와서는 시장에 내다 팔았는데 우리 것이 항상 제일 마지막에 팔리곤 하였다. 이상하다 싶어 생각해 보니 보기 좋은 떡이 맛도 있다고 우리 것은 장작을 멋대로 잘라 길이도 들쑥날쑥한데다가 볼품이 없었다. '아하, 예쁘게 길이도 맞추고 아궁이에 맞도록 잘라오자!'라고 생각하였다.

그렇게 하여 우리 것도 잘 팔리게 되었다. 그때나 지금이나 상품은 품질이 좋아야 하고 화폐가치보다 상품가치가 커야 고객의 마음을 사로잡을 수 있다는 귀한 교훈을 얻게 된 것이다.

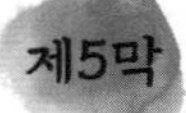

9·28 서울수복과 잿더미로 변한 고향산천

문막에서 약 4개월을 살면서 주인집 라디오를 통하여 전쟁상황 소식을 전해 듣고는 있었으나 낙동강전투에서 공방이 계속되면서 아군이 고전하고 있다는 내용들뿐 좀처럼 좋은 소식은 들려오지 않았다. 그런데 9월 28일 새벽에 갑자기 주인집 큰아들이 문을 두드렸다. 그 소리에 깨보니, 연합군이 인천상륙작전을 감행하여 서울로 진격하고 있다는 소식을 전해주는 게 아닌가!

우리는 너무나 반가워 누가 먼저랄 것도 없이 목청껏 만세를 불렀다. "만세! 만세! 만만세!" 이제 집으로 돌아갈 수 있다니 꿈만 같았다. 사실 파괴된 집이라 돌아가 봐야 별 수 없지만 그래도 우리 집이니 무조건 좋았다. 우리는 서로 부둥켜안고 눈물을 흘렸다. 부랴부랴 아침을 해먹고 고향집으로 돌아갈 채비를 서둘렀다. 우선 어디 동회라도 가서 확인을 한 후 떠나야 하지 않겠는가?

도무지 흥분이 가라앉지 않아 허둥대는 와중에 지척에 기거하는 피난민 어른에게 달려가 확인을 했다. 아군이 춘천 탈환을 위해 격전을 전개하고 있으니 좀 더 참고 기다려야 한단다. 우리는 실망한 나머지 어쩔 수 없이 기다리기로 하였다. 하루가 멀다 하고 피난민 어른께 찾아가 확인하고 돌아오기를 이틀 만에 춘천을 탈환하였다는 기쁜 소식이 들려왔다. 우리는 3일째 되는 날에 아침 지체 없이 준비를 마치고 고향으로 출발하기로 하고 주인식구들에게 작별인사를 하였다.

9 · 28인천상륙작전과 중앙청 수복모습

“그동안 너무너무 신세 많이 지고 떠납니다. 살아서 어른이 되고 평화가 오면 꼭 찾아뵙겠습니다. 부디 오래 오래 건강하시고 복 많이 받으시고 안녕히 계십시오.”

우리는 이별의 눈시울을 적시면서도 다른 피난민들과 함께 신바람에 겨워 발걸음도 가볍게 하고 고향으로 떠났다. 그렇게 설레는 마음으로 고향집에 당도했는데….

아, 너무도 허망하다. 그간 남아 있던 공장의 창고며 그 옆 사랑채도 모두 파괴되거나 불에 타 쓸만한 곳이 없어 보였다. 이와 함께 우리가 따로 보관해 오던 전통 있는 장식품이며 옷가지들 그리고 가족사진도 모두 불타 없어졌기 때문에 당시의 사진이 한 장도 남아 있지 않았다. 특히 부친의 사진이나 사업관련 서류 그리고 증명서 등이 모두 불에 타 안타까울 뿐이다. 가끔 그때가 그리워도 볼 수가 없어 더욱더 아쉬울 뿐이다.

당시 탈환과정에서 격전장이 된 춘천은 우리 집은 물론 그나마 남아있던 건물까지 전파되어 멀쩡한 건물이 별로 없어 보였다.

우리는 하는 수 없이 좀 덜 파괴된 본채의 부엌과 지하를 다시 손질하기로 하였다. 열심히 치우고 청소하여 겨우 먹고 잠잘 수 있는 지하터전을 마련하였다. 남아있는 식량과 장醬류도 정리하고 나니 그래도 우리집이라 마음 편하고 안심이 되었다. 그러나 그럭저럭 모친의 솜씨로 저녁을 먹고 방에 누워 앞날을 생각하니 한심하기 짝이 없고 앞길이 꽉 막힌 듯 보이지 않았다.

언제까지 여기서 이렇게 살아야 하나? 전쟁은 언제 끝나며 복구는 무엇으로 언제 할 수 있단 말인가? 다 허물어지고 불타버린 우리의 보금자리, 기와집…. 겨우 식량과 장醬류 그리고 옷가지만 남아 있는 지하 방구석에 누워 천장만 멀거니 바라보았다. 참으로 암담한 생각뿐이었다.

파괴된 집과 초토화된 춘천시의 모습

그런데 그때 반가운 손님이 불쑥 들어왔다. 피난 전 함께 살았던 도우미 아이였다. 우리가 피난가면서 고향으로 돌아갔었는데, 수복이 되면서 친척집의 형편이 더욱 어려워지자 다시 찾아왔으니 이를 어쩐담! 반갑고 고마웠지만 형편이 이렇게 되었으니 안타까울 수밖에 없었다. 그렇다고 돌려보낼 수도 없었다. 좁으면 좁은 대로 함께 살도록 배려하고 나니 걱정이 앞섰다.

첫날 나는 잠자리에 누워 옛날을 그리워하며, 언제쯤이면 전쟁이 끝나고 평화가 찾아와 집도 제대로 짓고 학교 가서 친구들을 만나 수다 떨고 공부할 수 있을까 하는 생각을 했다. 그 당시엔 책가방은 없었고 보자기로 책을 싸서 어깨에 둘러메거나 손에 들고 다녔다. 학교나 동네에서 함께하는 놀이라고 해봐야 줄넘기를 하거나 마당에 3, 4각형의 그림을 그리고 그 사이를 한 발 혹은 두 발로 뛰고 놀기, 말뚝박기(말타기) 그리고 딱지치기, 제기차기가 고작이었다.

머리는 까까중에 신발은 검정고무신이나 운동화를 신었다. 그래도 옷은 깨끗한 교복이었다. 그때를 생각하면서 서서히 잠에 빠지려는 순간, 문득 얼음 창고의 구렁이 생각이 떠올라 혼자 웃었다. 부채가 유일한 피서 도구였던 시절이었다. 한여름에는 더워서 집 안에 머물기가 어려워 우리는 얼음 공장으로 종종 숨어들어 쉬곤 하였는데, 얼음더미 위에 가마니를 깔고 누워 낮잠을 자거나 책이라도 읽고 있으면 천국이 따로 없이 시원하고 좋았다.

얼음 창고는 지표의 더위를 피하여 땅 밑으로 깊게

파서 만들었기 때문에 지붕은 땅에 닿을 정도였으며 두꺼운 초가지붕이라 여름에는 시원하고 겨울에는 따뜻하여 참새들의 보금자리가 되거나 쥐와 뱀도 숨어 있기 좋은 조건이다.

하루는 그렇게 쉬고 있는데 천장에서 정말로 누런 구렁이가 빠져나오고 있었다. 너무나 놀라 우리는 얼음 삽으로 구렁이를 때려 기절시키고는 밖으로 나가 옆집 형을 불러왔다. 그 형의 말에 의하면 이런 구렁이는 아주 귀하고 보신補身에 좋다면서 망태에 넣어 가져갔고 요리 후 우리를 불렀다. 구렁이 머리를 잘라낸 후 껍데기를 벗기고 큰 냄비에 몸통을 통째로 넣고 맑게 끓였다고 하면서 뚜껑을 열어 보여주었는데, 국물이 맑고 약간의 기름이 동동 떠있어 지금의 곰탕처럼 맛있게 보였다.

시식을 주기에 맛을 보니 진짜 지금의 곰탕 맛과 비슷한 생각이 났지만 꿈틀거리는 모습을 상상하자 바로 토하고 말았다. 그 이후 성인이 되어 지방의 영업소장을 할 때 여름 보신으로 뱀술이나 탕을 즐기는 사장이 있어 가끔 동행을 해보았지만 역시 그때의 기억이 떠오르고, 억지로 분위기라도 맞추는 날이면 며칠 전 먹은 음식까지도 설사가 나서 오히려 몸을 망쳤다. 사실 그 당시는 시간에 대한 제약 없이 죽자사자 일만 하던 때라 늘 스트레스와 피곤함으로 지쳐있었고 더욱이 여름이면 해가 길어지다 보니 업무시간도 따라서 길어져 잘 버티려면 몸보신이 필요했다. 지금처럼 비타민이나 주사약은 물론 몸보신에 좋은 식료품도 별로 없었던 때라 여름이면 보신탕이나 뱀탕을 주로 몸보신으로 즐겨먹었는데 어떤 분은 30~40그릇을 먹어치우는 목표를 세우고 즐기시는 분들도 많았다.

말타기와 줄 밑으로 빠져나오기

전쟁명언

War may sometimes be a necessary evil. But no matter how necessary, it is always an evil, never a good. We will not learn how to live together in peace by killing each other's children.

전쟁은 때때로 필요악일지도 모른다. 하지만 아무리 필요하더라도 그것은 언제나 악이며 선이 아니다. 우리는 남의 아이들을 죽임으로써 평화롭게 사는 법을 배워서는 안 된다.

–지미 카터(Jimmy Carter)

There are no frontiers in this struggle to the death. A victory for any country against imperialism is our victory, just as any country's defeat is a defeat for all.

죽음을 각오한 이 투쟁에는 전방이 따로 없다. 제국주의에 맞서 싸운 그 어떤 나라의 승리도 우리의 승리인 것처럼, 패배도 우리 모두의 패배이다.

–체 게바라(Che Guevara)

제2장

공비의 습격과 두 번째 피난길

초토焦土의 시·8

— 적군 묘지 앞에서

구상

오호, 여기 줄지어 누워있는 넋들은
눈도 감지 못하였겠고나.

어제까지 너희의 목숨을 겨눠
방아쇠를 당기던 우리의 그 손으로
썩어 문드러진 살덩이와 뼈를 추려
그래도 양지바른 드메를 골라
고이 파묻어 떼마저 입혔거니

죽음은 이렇듯 미움보다, 사랑보다도
더 너그러운 것이로다.

이 곳서 나와 너희의 넋들이
돌아가야 할 고향 땅은 삽십三十 리면
가루 막히고
무주 공산無主空山의 적막만이
천만 근 나의 가슴을 억누르는데

살아서는 너희가 나와
미움으로 맺혔건만
이제는 오히려 너희의
풀지 못한 원한이 나의
바램 속에 깃들여 있도다.

손에 닿을 듯한 봄 하늘에
구름은 무심히도
북北으로 흘러가고

어디서 울려오는 포성 몇 발
나는 그만 이 은원恩怨의 무덤 앞에
목놓아 버린다.

여동생의 홍역과 물에 빠진 식량 그리고 까마귀 고기

집에 돌아와 열심히 치우고 닦고 정리하며 안정이 되어갈 즈음이었다. 어느 날 새벽, 잠결에 다시 기관총과 따발총 소리가 멀리서 낮게 들려왔다. "따따따 따콩~ 따따따 따콩 따콩~" 이건 분명 북한군의 따발총 소리였다. 그 소리에 모두 놀라 화들짝 깨어 있는데 지나가는 가두방송이 들렸다. 지금 대룡산에 숨어 있던 적의 공비가 춘천시를 향해 쳐들어오고 있으니 서울 쪽으로 잠시 피하라는 소리다.

세상에! 집에 온 지 한 달도 채 안 되었는데 또 피하라니? 이게 웬 말인가? 하늘이시여, 선량한 백성에게 또 이런 시련을 주십니까? 약속합니다. 아무리 좋게 생각하려 해도 도무지 그놈들의 만행 때문인지 분통이 가시질 않았다. 사실은 UN군이 전차를 앞세우고 큰 도로만을 따라 너무 빨리 북으로 진격해 가는 바람에 1천200여 명의 북한군이 춘천전투에서 3일간 버티다가 북으로 바로 퇴각을 못 하고 춘천시의 동북쪽에 병풍처럼 둘러싸여 있는 대룡산으로 숨어 들어갔는데, 식량이 떨어져 50년 11월 18일 춘천시로 쳐들어온 사건이다.

우리는 하는 수 없이 급하게 첫 번째 피난 때처럼 준비는 하였지만 둘째가 홍역을 앓고 있어서 난관에 봉착할 수밖에 없었다. 데리고 가자니 약도 없는 길에 죽을 것 같고 집에 두고 떠나자니 병수발과 먹을 것이 걱정이었다.

'설마 그들도 사람인데 병들어 누워있는 어린 여아를 죽이겠는가?'라고 생각하면서 고민 중에 도우미 여자아이와 함께 두고 가기로 협의하고서 이웃집 나이 많은 할머니께도 부탁을 드렸다. 그런 다음 부엌과 방을 빈집처럼 어지럽게 흩트려 위장해 놓고는 곧 돌아올 테니 꼼짝 말고 방에만 있으라고 이르고 먹거리를 준비해 준 후 급히 떠날 수밖에 없었다.

우리는 떠나기는 했지만 두고 온 동생과 도우미 아이 때문에 발걸음이 무거울 수밖에 없었다. 뒤를 돌아보고 또 돌아보며 재촉했다. 겨우 위험지역을 벗어나 삼악산 근처까지 왔으나 두고 온 동생 때문에 걱정이 태산과 같다. 그런데 이상하게도 여기까지 오는 동안 이곳을 방어해야 할 아군은 보이지 않고 피난민만 몰려가고 있으니 대체 어디로 가야 하지?

공비의 침투모습

우선은 피난민들이 가는 대로 따라가다가 삼악산을 지나 강촌까지 와서는 하룻밤을 민가에서 쉬었다. 다음날 다시 출발하여 설악면을 거쳐 미사리 근처에 도착하니 이미 해가 저물고 있었다. 11월이라 춥기도 하고 가족이 모두 지쳐 더는 갈 수가 없었다.

우리가 길을 잘못 들었나? 서울 쪽이라 앞만 보고 서둘러 가다 보니 주위에는 피난민이나 민가도 보이지 않고 논에 볏짚만 쌓여있었다. 옛날에는 논바닥에 볏짚을 삼각형으로 세우거나 마치 에스키모의 이글루처럼 쌓아올려 비가 새지 않도록 만들어 보관했다가 겨울에 소 여물이나 군불로 사용하였는데, 지금은 큰 비닐봉지에 싸서 논에 그대로 두었다가 쓴다. 우리는 하는 수 없이 볏짚 속에서 하룻밤을 묵기로 하고 볏짚의 아래로부터 볏단을 하나씩 뽑아내어 공간을 확보하는 방법으로 방 2개를 만들고는 바닥에 담요를 깔았는데. 들어가 앉아보니 그런대로 푹신하고 아늑하여 준비해 온 주먹밥을 나누어 먹고는 피곤에 지쳐 잠자리에 누웠다. 그런데 잠을 청하려니 잠자리가 불편하기도 하지만 무언가 억울하기도 하고 화가 치밀어 잠시 혼자서 원망의 대포를 쏘아 보았다.

백성들의 이런 고초는 그간 수없이 침략을 받았는데

도 불구하고 선조들이 부국강병의 준비 없이 당파싸움에 정신을 못 차렸기 때문이었는데, 지금도 정치인들은 정쟁政爭 속에 아예 국민을 무시하고 그저 통제 일변도의 법제에 골몰하고 있을 뿐만 아니라 그간 쌓아올린 국부까지도 위태롭게 하고 있으니 선량한 국민들은 언제까지 이런 불안 속에 떨어야 하나요?

다음날 서종면에서 북한강을 건너면 목적지인 마석에 도착할 수 있다고 생각되어 아침 일찍 일어나 북한강 선착장에 도착해 보니 생각보다 피난민이 많았다. 피난민을 싣고 나르는 배는 한 척밖에 보이지 않았다. 피난민들은 서로 먼저 타려고 강가를 따라 세로로 쭉 늘어서 있었다. 뱃사공은 우리가 편하게 탈 수 있도록 배를 세로로 붙여주었다. 사실은 그렇게 배를 대서는 아니되는데 그때는 뱃사공이 좀 깜박했던 모양이다.

나는 가족을 도우려고 재빨리 배에 먼저 올라탔는데, 아뿔싸! 사람들이 한꺼번에 배에 우르르 오르자 배가 한쪽으로 기울면서 그만 뒤집히고 말았다. 나는 쌀 두 말을 등에 진 몸이라 물속으로 깊숙이 가라앉고 말았다.

가을과 볏짚

다행히 나는 친구들과 소양강에서 자력으로 수영을 배운 터라 강바닥에 발이 닿자마자 쌀자루를 벗어던지고 빠져나왔다. 그런데 우리의 식량이 물속 깊이 잠겼으니 이를 어찌할꼬? 모친은 새파랗게 질려 강바닥에 털썩 주저앉았다가 일어나시며 "아이고, 살아 나왔으니 천만다행이다!" 하시면서 겉옷을 벗겨 물기를 짜주셨고 다른 옷을 갈아입히시고는, "설마한들 열린 입에 풀칠하겠니? 걱정 마라. 하늘이 무너져도 솟아날 구멍이 있단다." 하시면서 꼭 감싸주셨다.

난 일찍이 소양강에서 개구쟁이 친구들과 어항으로 고기도 잡고 자력으로 헤엄을 배웠다. 물론 개헤엄이지만 차츰 발전하여 수평이며 배영도 잘해서 강 건너 남의 참외밭에 친구들과 달밤에 기어들어가 참외며 수

박 서리를 해서는 풀줄기에 엮어 목에 걸고 돌아와 백사장에서 축하 파티도 하였다. 그래봐야 1~2개 정도를 무상으로 가져왔으니 그 당시는 죄의식 없이 재미나는 놀이라 여겼다. 참외밭 주인들도 밤에 숨어 있다가 우리를 붙잡으면 원두막 밑에서 두 손 들게 하고 10여 분 동안 벌을 주시고는 사면(?) 해주시곤 하였다. 그 재미에 우리들은 미리 저녁에 강을 건너가 콩밭에 숨어서 주인이 오는지 보고 있다가 신호를 보내곤 하였다. 참외밭 주인은 매일 밤마다 원두막에서 감시하거나 자지는 않았다.

참외와 수박밭 원두막

이번 사건으로 우리 가족은 또 한 번의 식량 기근에 시달리고 말았다. 잠자리는 초등학교 교실이라 비바람 걱정은 없었고, 우리는 2~3일 정도면 집으로 돌아갈 수 있다고 생각하였다. 그런데 4~5일이 되어도 탈환 소식이 없자 모친께서는 식량을 여기저기서 조금씩 얻어와야 했고 논둑이나 밭두렁에서 초겨울의 말라빠진 쑥이며 민들레, 냉이, 질경이, 고들빼기 등을 뜯어와 쌀을 한 주먹 넣고 멀건 죽을 끓여 끼니를 때웠다. 그마저도 모자라 아침이면 나는 새로운 소식을 얻을 겸 파출소로 나가 서성거렸다. 그렇게 서성거리고 있으면 "꼬마 왔구나… 들어와! 난로에서 몸 좀 녹이고 있어. 내가 한 바퀴 돌고 올게." 하면서 다녀오면 경찰아저씨가 칼빈 총으로 잡아오는 참새며 산토끼 고기를 조금씩 얻어와 가족이 함께 먹으면서 버티었다.

이때 처음으로 까치와 까마귀는 물론 먹을 수 있는 것은 모두 사양하지 못했다. 이런 새들의 고기를 시식해 보기도 했으니, 그때의 상황이 얼마나 어려웠는지 짐작이 갈 것이다. 어른들 말씀에 까마귀 고기를 먹으면 머리가 나빠진다는 낭설이 머리에 떠올랐지만 그건 사치스러운 말씀이고 먹어야 살아 돌아갈 수 있지 아니한가?

그 후에 들어보니 문막시내 쪽에 있었던 피난민은 정부의 배급미로 굶주림은 없었다고 한다. 우리 가족은 강을 건너와서 문막읍내 근처 큰 도로가에 있다가 춘천이 탈환되면 군 트럭을 얻어 타고 얼른 집으로 돌아갈 궁리만 하다가 배고픈 고생만 한 것이다.

어디 그뿐인가. 우리는 6일 만에 춘천이 탈환되어 7일째 되는 날 군 트럭을 얻어 타고 귀향했는데 공비들이 춘천으로 내려와 거의 모든 식량과 옷가지며 먹을 수 있는 짐승들을 싹쓸이해 갔다. 심지어 그들은 쇠꼬챙이로 집 주변과 땅 밑을 찔러대며 감춘 식량을 찾아내 강탈해 갔다. 에이! 나쁜 놈들! 너희들만 살고, 허기진 백성들을 두 번 죽이는 천벌 받을 놈들의 짓이지….

이때 나는 "3일만 굶으면 도둑이 된다."는 속담을 평생 삶의 신조로 가슴에 아로새겼다. 내가 어른이 되면 절대로 가족을 허기지게 내버려 두지 않으리라 다짐하면서, 재빨리 집으로 뛰어 들어가 둘째 여동생 이름을 부르며 집 안을 살펴보았다. 그런데 집 안에 두고 간 여동생과 도우미 아이가 보이지 않았다. 홍역을 치르는 아이인데… 이를 어쩌나?

옆집 할머니께 달려가 물으니 도우미 아이가 동생과 함께 피난을 떠났단다. "예? 왜요? 어디로요?" 모친이 기가 막힌 듯 울먹이며 물었다.

옆집 할머니 얘기로는 경찰이 와서 거동이 불편하거나 아주 어린애가 아니면 모두 잡아갈 수 있으니 피해야 한다면서 자기들도 떠나니 강촌까지 데려다준다고 하더란다.

할머니는 도우미 아이가 강촌에 먼 친척이 있다면서 내 동생과 함께 그곳으로 떠났으니 죽지는 않을 것이고 돌아올 것이니 걱정하지 말란다. 그날은 날도 저물어 강촌까지 갈 수가 없었다. 다음날 아침 일찍 우리 형제가 찾아가 보기로 하고 우선 모친을 위로했다. 그런데 이게 웬일인가? 우리 식구 모두 밤늦게까지 잠을 이루지 못하고 뒤척이고 있는데 밖에서 인기척이 나더니 동생이 돌아온 것이 아닌가!

오, 하느님! 감사합니다! 감사합니다!

우리는 동생을 부둥켜안고 한없이 눈물을 흘리며 더듬어 보았다. 홍역은 없어진 것 같았으나 피골이 상

접해 있었다. 그런 동생을 다시 부둥켜안고 한없이 울었다. 그래도 살아 돌아왔으니 얼마나 다행인가. 감사하고 또 감사할 따름이다.

다음날 함께 갔던 도우미 아이가 기특하고 고마워 모친이 간직했던 마음의 선물을 주고 아침을 함께하면서 그간의 사정을 들었다. 경찰아저씨들은 동생이 아프다는 말을 듣고 차로 강촌에 있는 파출소까지 데려다주었다고 한다. 여기는 피해가 없을 것이니 친척집에서 쉬다가 적군이 물러가거든 돌아가라며 친척집으로 안내해 주었단다. 그래서 싸 가져간 떡과 밥, 그리고 반찬으로 이틀을 버티고는 친척집의 도움으로 6일 밤을 견디고 파출소로 찾아가니 이제 집으로 가도 된다면서 집까지 데려다 주더란다. 동생은 그 사이 긴장과 공포 속에서 마음 졸이며 생활하느라 홍역앓이를 잊었던 것일까? 딱지는 떨어져 없어지고 약간의 흉터만 남아 있었다. 이런 전시에 참 고마운 경찰들도 많구나 하는 생각이 들었다. 이 기회를 통하여 심심한 감사를 드린다.

농촌으로의 이주 그리고 중공군의 참전

이제 겨울이 닥치니 춥기도 하고 공비의 습격으로 식량과 부식도 문제이니 불타고 파손된 소양로 집에서는 계속 살 수가 없을 것이므로, 우리는 옥산포(사농동)에 있는 농토로 내려가 살기로 결정하고 짐을 챙겼다.

그곳은 부친의 고향인데 원래 주소는 춘천시 신북면 마산리 274번지로서 박씨의 집성촌集姓村이었다. 일가친척이 많이 모여 살고 있어 그곳으로 가면 필요한 도움을 받을 수 있을 것이다. 원래 우리집은 박씨가문의 장손으로 내려오는 소위 큰집이기 때문에 고향에서는 제법 대우를 받아온 터라 그것을 믿고 이주하려는 것이다. 또한 전설이지만 옛날에는 이곳이 명당 터라 맥국이라는 왕국이 있었고 소나무 숲이 우거진 솔밭도 있었다고 했다. 지금은 논밭뿐인 춘천시의 유일한 평야다.

모친과 형님이 먼저 가서 집과 소달구지를 마련해 돌아왔고, 다음날 아침 필수품만 싣고 그곳으로 떠났다. 소양강 다리를 건너 논밭이 있는 지름길로 가는데…. 아차! 밭에 군인의 시체가 반쯤 노출된 채 누워 있었다. 놀라 가다 보니 또 있고… 우리는 몇 번이나 놀라서 가다 서고를 반복해야 했다.

논이나 밭에 적인지 아군인지 분간할 수 없는 군인들의 시체가 파묻혀 있었다. 제대로 묻히지도 못하고 일부 얼굴과 군화가 노출된 채 누워 있었다. 머리맡에는 말뚝에 철모도 걸쳐 있었다. 아마 빠른 퇴각이나 진격으로 미처 충분하게 묻지 못하고 달아났거나 총알이 난무하는 전장에서 다음을 기약하고 임시로 묻고 갔을 것이다.

아! 누군가의 귀한 자식들이 나라를 위해 싸우다가 이렇게 밭고랑에 묻혔구나, 그들의 원혼이 여기저기에 떠돌고 있다고 생각하니 너무 허무하고 무서워 소름이 돋으며 눈물이 핑 돌았다. 모친께서는 연방 성호를 가슴에 그리시고 애통해하시며 전쟁 중 행방불명된 큰형님을 상기하시는 모양이다. 큰형님은 6 · 25 때 작은아버지 운수사업을 배운다고 동승해 다니다가 트럭과 함께 국군에 징발되어 병참부대로 떠나셨는데 비행기 폭격으로 작은아버지는 돌아가시어 전사자로 서훈을 받으셨는데 형님은 지금껏 행방불명 상태다.

왜? 이렇게 좁은 땅덩어리에서 동족끼리 싸워야 하는가? 대체 이념이란 무엇인가? 그것을 구실로 편을 가르고 피투성이가 되도록 싸워 서로 죽이고 파괴하면서 정권을 잡은 독재자와 그를 추종하는 몇몇 충성분자들은 그 공을 독차지하고 호의호식하면서 여린 백성 위에 군림하고 통제하고 억압하고 있으니 기가 찰 노릇이 아니고 무엇이란 말인가? 어쩌면 인간이란 참 어리석고 가련하고 무력한 존재로서 성악설의 주장이 맞는다는 증거가 될까 두렵다. 그러니 어찌하랴! 힘도 없고 능력도 없으니….

이런 상황에서 어떤 분들은 베트남처럼 통일되어 엄청난 경제발전을 하면서 자유를 누리며 승승장구하면 좋겠다는 생각을 합니다. 또한 어떤 분들 중에는 어지러운 시국을 핑계 삼아 7~80대 노인들에게 화풀이를 하는 경우도 있습니다. 베트남의 경우 현재의 환상에만 사로잡혀 통일 후 20년 사이에 일어난 엄청난 학살과 보트피플 사태를 모르거나 무시하는 분들의 생각일 수도 있으니 그 시대를 좀 더 검증해 보시면서 그나라의 현재 인구구성을 살펴보면 어느 정도 이해할 수 있을 것입니다. 경제, 사회적 자유는 개혁·개방정책으로 활기를 찾았지만 정치적으로는 역시 공산당 1당 독재 정권이라고 볼 수 있고 국토는 모두 국유입니다. 그리고 꼭 짚고 가야 할 한 가지 특징과 차이가 있습니다. 다음은 김진홍 목사의 이야기입니다. "베트남의 호지명과 북한의 김일성은 같은 공산국가의 지도자였지만 수준에 있어서는 격이 다릅니다. 호지명은 남 월남 국민들까지 존경하는 지도자였습니다. 월남전이 진행 중일 때에도 호지명의 생일이 되면 남 월남에서조차 상인들이 가게 문을 닫는 정도로 그를 존경하였습니다. 호지명은 월남 통일이 되기 직전 숨을 거두었습니다. 그는 숨을 거두기 전 3가지 유언을 남겼습니다.

첫째는 나는 이제 죽지만 조국 통일은 곧 이루어질 것이다. 통일이 된 후 절대로 보복하지 말아라. 모두를 용서하고 새 나라를 세워 나가라.

둘째는 전쟁 중에 희생된 군인들의 아내, 자녀들을 국가가 정성껏 돌보아라.

셋째는 내가 죽은 후 내 무덤을 만들지 말고 화장한 후 재를 월남 땅의 북부와 중부와 남부 세 곳에 뿌려라.

그가 남긴 유산은 딱 세 가지였습니다. 안경과 입었던 단벌 옷, 그리고 샌들 한 켤레였습니다. 공산주의자면서 민족주의자였던 호지명의 이런 인격이 통일운동의 자산이었습니다. 그에 비하면 김일성과 그의 후손들은 하늘과 땅만큼이나 차이가 납니다. 그 차이가 우리에게는 다행이라 하겠습니다. 만일 김일성의 인격과 그의 덕이 호지명의 절반이라도 되었더라면 한반도도 공산화 통일이 되었을 수도 있었을 것입니다. 김일성과 김정일, 김정은의 덕망으로는 공산화 통일이 될 수 없습니다. 자유 통일의 날이 다가오고 있음을 느끼게 됩니다.”

어떻습니까? 이해가 되셨나요? 또한 엉뚱하게도 7~80대 노인들을 무시하거나 폄하하는 일부 청·장년들과 교육자들은 과거의 역사나 현실을 충분한 검토와 숙지를 통한 공유 없이 헬조선을 선동하거나 사회를 스스로 비관하는 경우로서 그들은 잘되면 내 덕이요, 잘못되면 조상 탓이라고 하는 경우도 있지요. 남의 눈에 있는 티만 보이고 자기 눈에 박힌 대들보는 보지 못하는 어리석은 사람들일 것입니다. 그런 분들은 좀 더 긍정적이고 열린 마음으로 세상을 멀리, 넓게 바라보고 희망을 품고 정진하면 좋겠습니다. 단단하게 굳어버린 기존의 통념과 봉인된 편견을 벗기지 않고서는 다가올 자유민주주의 시대가 안겨줄 값진 열매를 맛볼 수 없을 테니까요. 지금의 7~80대 노인들은 6 · 25 때는 최전방이나 지게부대에서, 또는 열사의 땅 중동의 건설현장에서, 그리고 총탄이 난무하는 월남전에서 또한 독일의 수백 미터 지하탄광과 병실에서 탄을 캐고 시체를 닦으며 피땀 흘려 일해 왔습니다.

한편 국내에서는 달빛 보고 출근하여 달빛 보고 퇴근하듯 하루 24시간도 모자라 공휴일도 없이 공장이나 논밭에서 제대로 끼니도 못 먹고 헐벗어도 자식들만은 교육시키고, 죽도록 일만 한 사람들입니다.

이 기회에 이분들이 우리나라 경제발전의 변곡점을 만든 주역이었다는 사실 한 가지 더 살펴볼까요.

“우리 국민은 이조 500년간은 지주에게 그리고 36년간은 일본에 의하여 수탈에 시달렸던 역사를 갖고 있습니다. 그래서 열심히 일하면 손해라는 인식이 고착되어 한때 게으른 민족이 되었지요.

이것을 타파하기 위하여 근면, 자조, 협동이라는 새마을 정신을 바탕으로 18년간 잘 살아보세를 외치며 하나로 뭉친 결과 아주 부지런한 국민이 되면서 선진국이 되었습니다.

그런데 지금 다시 국민에게 특히 젊은 세대에게 좋은 일자리를 만들어 줄 생각은 아니하고 청년수당, 무슨 수당하면서 게으르게 만들고 있습니다. 이건 노예근성을 가르치는 것이고 후대들에게 큰 짐을 떠넘기는 무책임한 정책이지요.

이런 결과로 그들을 배려해주셔도 모자라는 상황이며 자기들도 세월과 함께 늙어가거늘 무슨 염치로 비하하고 소외하려는지 이해가 안 됩니다. 특히 자라나는 새싹들은 이 같은 수많은 역경과 업적을 의도적으로 무시하고 자기들의 공으로 돌리거나 적폐시 하려는 꾀임이나 속셈에 넘어가서는 아니 되겠지요. 지금까지 쌓아 올린 그분들의 업적에 편승하자니 미안해서 그렇다면 반성하면 될 것이고, 그들과 같은 국부의 기회가 없었다고 하면 지금부터 열심히 노력하면 해결할 수 있겠지요.

여러분도 주지하시는 바와 같이 공산주의 국가의 통치방법이 각각 다르긴 합니다. 하지만 유명무실한 군소정당을 제외하면 일당 독재체제로서 자유를 억압하고 언론과 주민을 통제하는 점만은 똑같습니다. 그러나 북한은 가족이 3대를 이어 독재정권을 유지해 가는 세상에 유래가 없는 국가인 데다 모든 국민을 24시간 감시와 통제로써 억압하지 않으면 생존할 수 없는 국가입니다. 고위 탈북자 증언에 의하면 새벽 2시가 무섭다네요. 왜일까요?

24시간 감시장치로 감시하다가(고위층일수록 더 엄격) 반동 행위가 발각되면 내무서원이 새벽 2시에 잡아가기 때문이랍니다. 지금 우리나라도 누군가 토지국유화를 획책하는 무리가 있어 땅투기를 막는 효과가 있을지 모르지만 자본주의 경제체제하에서는 헌법에 명시된 사유재산권의 침해일 뿐만 아니라 북한처럼 인간의 5대 기본욕구를 모두 감시, 통제하면 숨이 막혀 삶에 대한 욕구나 동기부여가 사라지고 창의력이 황폐해지면서 그저 동물처럼 시키는 일이나 할 수밖에 없겠지요. 여러분은 북한과 같은 그런 나라, 그런 통일을 원합니까?

요즘은 북한도 진달래폰이니 아리랑폰이니 하는 자체 핸드폰을 생산하여 보급하고 있습니다. 평양냉면도 주문하여 먹을 수 있다고 하나, 당분간은 평양을 중심으로 하는 특권층에만 해당하는 사항입니다. 지금은 그 선전宣傳에 열을 올리고 있다고 하는군요. 인류의 발전과정을 보면 “자유 아니면 주검을 달라.” 외치며 자유의 물결 위에 물질문명이 발달해 왔다고 볼 수 있는데, 창의는 자유의 산물이지 평등이나 통제의

산물이 아닙니다. 그것을 가능하게 한 핵심요소는 에너지의 발명을 기반으로 도로, 항만의 확충과 통신수단의 획기적 발전 그리고 과학기술의 발달이지요.

이런 4차 산업혁명의 중심에는 미국이 있다고 볼 수 있습니다. 현재 유일한 초강대국이라는 견해에 대해서는 부분적으로 이론의 여지가 있습니다. 그러나 UN을 좌지우지하는 정치적 패권, 다국적군을 통해 세계 경찰 역할을 하는 군사적 패권, 달러라는 기축통화를 앞세워 G7, G20 등을 주도하는 경제적 패권, 기초과학과 4차 산업혁명을 주도하는 과학기술 패권, 교육, 문화예술 등을 선도하는 문화적 패권 등이 초강대국 미국을 떠받치는 기둥이라 하겠습니다. 지금 중국과의 무역전쟁도 그 중심에는 기술패권을 둘러싼 전쟁으로서 선진미국의 기술을 베끼려는 중국을 견제하기 위한 대책이라고 볼 수 있습니다. 미국은 I/T, B/T, S/T, N/T로 대표되는 디지털 혁명을 주도하고 완수함으로써 초강대국의 꿈을 지속적으로 추구하는 장기비전을 갖고 전 세계를 리드하고 있습니다. 여러분은 어느 배에 승선하겠습니까? 기회마다 통제하고 간

섭하고 챙겨가는 배에 승선해야 할까요? 아니면 다 완성되고 나면 폭력이나 전쟁으로 빼앗을까요?

개인은 물론 국가도 노력 없이 남이 죽도록 평생 축적한 기술과 부를 평등이라는 이념으로 빼앗아 나누어 주자는 것이 과연 정의일까요? 그런 주장은 막가는 세상에서나 존재했던 무정부 사회이거나 공산주의 사회라고 생각합니다!

여러분! 기술사대주의를 염려하기 이전에 후진국을 벗어나 경제발전을 하고 경쟁에서 살아남기 위해서는 우선 선진국에서 배워올 수밖에 없지요. 그런 피나는 노력으로 이제 우리나라는 세계10대 교역국가로 발전하였습니다. 한때 우리는 지도자의 열정과 과학자의 애국정신으로 북한보다 월등한 중, 단거리 유도탄을 자체개발, 보유하게 되었고 원자무기까지 자력으로 보유하려던 찰나 강대국의 압력과 방해로 중단된 역사도 있습니다.

우리 가족은 새 보금자리에서 새로운 생활을 시작하였다. 자그마한 기역(ㄱ)자 기와집으로 멀리 피난 간

친척의 빈집인데 우리 살기에는 부족함이 없었다. 논밭이 조금 있어 그간 외주를 주었는데 거기서 얼마간의 식량을 확보하였고, 모자라는 것은 농사를 많이 짓는 친척집에서 쌀이며 감자 등 부식도 차용하여 그런대로 겨우살이를 준비하였다.

그러나 성장한 도우미 아이와 함께 계속 살기에는 식량이며 옷과 잠자리 등 너무 힘이 벅찼다. 할 수 없이 잘사는 친척집으로 보내주고 다음에 안정되면 다시 데려 오마 하고 도우미 아이를 보내고 나니, 그간 정들고 함께 고생한 노고를 잊을 수 없어 가슴이 아팠다. 그래도 멀리 떨어져 간 것이 아니고 이웃에 있으니 가끔 볼 수 있어 마음이 놓였다.

그런데 하늘도 무심하시지, 이렇게 정리하고 좀 안정을 찾아가는 사이 채 한 달도 못 돼서 그 알뜰한 가정의 평화가 또다시 깨지고 말았다. 연합군의 북진으로 통일이 거의 눈앞에 오려는 순간, 중공군의 참전으로 전세가 또다시 역전되었기 때문이다.

중공군의 인해전술과 탄약운반 모습

그때의 상황을 이해하기 쉽도록 전재轉載해 보면 아래와 같다.

10월 19일 야간, 중공군은 드디어 선두부대로 선정된 12개 사단이 접경지대에서 압록강을 도강하였다. 10월 20일에는 지원군 사령부가 평안북도 동창군 대유동大楡洞에 설치되었다. 그리고 최초로 아군과 교전이 벌어진 10월 26일에 6개 사단으로 구성된 제2진이 압록강을 도강함으로써, 불과 일주일 만에 총 18개 사단 26만여 명의 대부대의 이동이 완료되었다. 이들 중공군 부대는 황혼과 함께 이동을 개시하고, 날이 밝으면 은폐하여 휴식을 취했기 때문에 UN군은 전혀 예측하지 못하였다. 한마디로 완벽에 가까운 놀라운 기습 전개였다.

국군은 압록강까지 진격하여 압록강변에 태극기를 꽂았지

만, 중공군의 반격으로 상황이 악화되자 UN군 사령부와 함께 방어로 전환하고 청천강 선에서 공산군을 저지하기로 결정하였다. 이때 6 · 25전쟁 중 최악의 장진호 전투가 있었다. UN군의 예봉을 꺾으려고 영하 35도의 날씨에도 불구하고 중공군 7개 사단 약 7만여 명이 미 해병대 1개 사단(1만 5천 명)을 인해전술로 공격해 오는 바람에 교량이 파괴된 협곡에서 악전고투한 전투로서 천신만고 끝에 중공군의 포위망을 뚫고 흥남 부두까지 철수하는 데 성공하였다. 이 전투로 중공군은 3만 7천여 명이 죽거나 부상당했고 미군들은 4천여 명이 전사하였거나 부상당한 최악의 전투였다.

그러나 12월 14일, 다시 UN군은 38도선으로 철수하였고 다음 해 1월 4일 중공군은 홍천을 점령한 데 이어 횡성에 돌입하자 미 2사단은 횡성에서 철수하고 9일에는 원주–제천–충주의 방어선이 새로 구축되었다.

출처: 국방부 군사편찬연구소

이런 황당한 일이 또다시 벌어졌으니 도무지 어찌할 바를 모르고 다들 불안에 떨고 있었다. 소문에 의하면 아군이 점령한 북한은 너무나 눈이 많이 내렸고 추워서 군의 기동력이 차단되어 보급이 여의치 않을 뿐만 아니라 중공군의 어마어마한 인해전술(무기가 아니라 사람이 맨몸으로 돌격하는 중국식 전투)로 인하여 고전을 면치 못하고 있다는 것이었다.

추위와 배고픔에 지친 병사들

그들의 개인 화기는 고작 수류탄과 몇 사람에 한 정씩 따발총 정도인데, 워낙 많은 숫자가 옛날 모택동이 중국을 통일하던 방법으로 밤에 미리 산속 여기저기 매복해 있다가 쏟아져 내려오면서 북이며 꽹과리, 피리를 불어 혼란을 주니, UN군은 하도 기막힌 전쟁에 그만 넋을 잃고 싸울 용기를 못 내고 후퇴하고 있단다. 또한 전투 중에는 총구가 벌겋게 달아오르도록 쏴 죽여도 계속 맨몸으로 자신들의 시체를 밟고 덤벼드니 마치 권투선수가 상대방의 맷집에 질려 다운되듯이 물러날 수밖에 없었단다. 이렇게 상황이 악화되면서 밀리고 밀려 결국은 춘천조차 며칠 만에 큰 격전 없이 다시 적군의 수중에 들어갔다.

우리 가족을 비롯하여 옥산포 박씨 집성촌은 후퇴의 포화도 없이 어물어물하는 사이 피난도 못 가고 포로가 된 셈이다. 중공군은 그때 처음 접하게 되었는데 양민을 보기만 하면 쏴 죽인다는 소문에 벌벌 떨고 집에 틀어박혀 숨을 죽이고 살았다. 그러던 어느 날 중공군 2~3명이 우리집으로 들어와서는 중국말로 뭐라고 소리치는 것이 아닌가!

우리는 너무나 놀란 나머지 "이제 죽었구나!" 하고 방구석에 숨어 사시나무 떨듯 했다. 모친께서 대담하게 문밖으로 나가 그들을 맞이하였다. 우리가 문틈으로 지켜보니 총은 한 사람만 메고 있고 다른 두 사람은 어깨에 자루 수류탄과 또 무엇인가를 둘러메고 있을 뿐이었다. 총부리를 겨누거나 모친을 위협하는 것은 아닌 것 같았다. 뭔가 다른 볼일이 있는 것 같았다. 그들은 모친과 무엇인가 손짓 발짓으로 의사소통을 하는 모양인데 그들이 먼저 둘러메고 있던 자루에서 호떡 같은 빵을 내밀었고 모친은 그것을 받아들고는 부엌으로 들어가 남아있던 밥이며 반찬을 들고 나와 마루에 놓아주니 허겁지겁 먹고는 고맙다는 인사를 하고 사라졌다. 우리는 안도의 한숨을 길게 내쉬었다. 처음 보는 빵이라 조금씩 나누어 먹어봤더니 아무 맛도 없이 밀가루에다 소금 간만 한 것 같았다. 먼저 호떡을 내주고 밥을 교환하는 방법으로 예의를 갖추니 적군이지만 보기 좋았다.

우리는 그들의 예의 있는 태도에 의아해하면서 이것이 인민에 대한 선무공작宣撫工作일까 생각했다. 그래도 나쁜 소문의 두려움에서 조금은 벗어날 수 있었다. 사실 겪어보니 전투하는 정규군 즉 장교들이나 병사들은 소문만큼 난폭하거나 횡포를 부리지는 않았다. 그들의 참전규칙은 함부로 선량한 민간인을 죽이거나 도둑질을 하면 안 되며 부녀를 강간하면 총살한다고 되어 있단다. 오히려 주민들을 직접 통제하는 내

무서원들이나 지방토박이 빨갱이들이 무소불위無所不爲의 권력을 휘둘렀다.

6 · 25때 중공군 복장

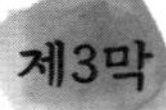

포로생활과 모친의 발병 그리고 엉터리 의사

우리는 이때부터 본격적으로 시작되는 선무공작과 주민 통제생활로 접어들었다. 소년은 소년단, 청년은 청년단, 부녀자는 부녀자대로 모든 주민은 각각의 소속으로 배속되었다. 삼시 세끼 밥 먹고 잠자는 시간 외에는 자유를 주지 않았다. 주로 김일성 사상교육이나 군가 비슷한 그들만의 노래(씩씩한 군가 위주)를 가르쳤고 나머지 시간은 노력동원에 투입되었다. 즉 폭탄으로 파괴된 소형 교량이나 도로 보수며 청소를 비롯하여 심하면 일선의 보급품이나 탄약까지도 운반시키곤 하였다. 주로 새벽이나 저녁을 이용하였는데 낮에는

UN군의 쌕쌕이(세이버 전투기의 별명)의 폭격이 심하여 함부로 움직일 수가 없기 때문이었다. 이런 지시나 통제는 내무서원(지금의 경찰)이 붉은 완장을 찬 공산당원을 앞세워 추진하였으나, 때로는 토박이 빨갱이나 머슴들을 부추겨 붉은 완장을 채워주고 그간의 압박과 설음을 되갚도록 부추기곤 하였다.

질이 나쁜 자들은 동네 사정을 잘 알고 있는지라 숨어 지내는 군인이나 검·경찰 그리고 고위 공무원들을 색출, 고발하여 즉결 심판으로 강가에서 총살도 서슴지 않았다.

한번 우연하게 우리 꼬마들이 포승줄에 엮여 끌려가는 애국인사들을 몰래 따라가 엿보기도 하였는데, 그분들을 강둑에 세워 놓고 사격 연습하듯 쏘아 강물로 떨어지면 물결에 따라 떠내려가도록 내버려 두는 잔인한 광경을 목격하기도 했으니, 이 짐승만도 못한 악당들을 어떻게 능지처참할 수 있을까?

어느 날 모친도 보급품 배달에 동원되었는데 저녁해 질 무렵 쌀 두 말을 머리에 이고 원창고개 근처에 주둔해 있는 적군의 기지까지 왕복 16킬로미터 거리를 밤새 갔다가 돌아오는 과정이었다. 매섭게 추운 1월인데….

지금처럼 따뜻한 내의나 방한 외투 없이 흰 저고리 위에 세터를 걸치고 몸빼바지 차림으로 쌀 두 말을 머리에 이고 저녁에 출발하여 밤늦게까지 걸어 새벽에 다시 집에 돌아오셨으니 연약한 여자의 몸으로 얼마나 힘드셨을까? 그때 찬 공기에 땀이 나고 마르기를 반복하면서 오한이 나셨을 테고 거기에 더하여 지금껏 피난살이로 지친 모친은 집에 돌아오시자마자 그만 감기몸살로 자리에 눕고 말았다. 약이 귀한 때라 제때에 치료를 못 해 기관지 천식으로 발전하여 많은 고생을 겪으셨는데 보다 못한 친척이 여기저기 수소문 끝에 주사약과 바늘을 구해 주셨다.

숨도 제대로 못 쉬시며 땀만 흘리시면서 기침하시는 모친을 더 이상 방치하면 돌아가실 것 같아 나는 하는 수 없이 평소에 주워들은 상식으로 물을 끓여 주삿바늘을 소독한 후 바들바들 떨며 모친의 엉덩이에 주사를 놓아드렸다. 어떤 결과가 나올지 마음이 조마

조마하였다. 겁에 질린 나는 숨소리를 죽이며 얼마간을 정신없이 기다렸다. 아! 모친의 거칠었던 숨소리가 조용해지며 안정을 되찾는 모습으로 잠에 빠지시는 게 아닌가?

오, 하늘이시여! 이 무모한 저를 용서하시고 모친을 살려주시니 감사하고 또 감사합니다. 어쨌든 이 사건으로 모친의 천식은 수그러들었지만 다른 후유증이 왔다. 내가 주사를 잘못 놓아(주사 위치는 맞는데 각도와 소독 잘못) 주사 맞은 곳이 부어오르더니 곪아서 피고름이 생겼고, 이것을 치료하느라 또 한 번 고생을 감내하셔야 했다.

나는 손을 깨끗하게 씻고는 피고름을 몇 번이고 짜내고 소독을 하고 수건을 물에 끓인 후 꼭 짜서 반복해서 찜질을 해드렸다. 다행히 며칠이 지나면서 새살이 솟아올랐다. 마취 없이 짜내고 뜨거운 수건으로 찜질을 며칠간 하였으니 그것을 참고 견디신 모친께서는 얼마나 아프셨을까? 그럴 때마다 난 눈물이 나서 밖으로 나와 혼자 울곤 하였다. 사람은 어렵고 힘든 때일수록 강해지는 건가? 모친은 그 모진 병상을 오랫동안 감내하면서도 우리들을 보살피고 그리고 지켜 주셨다. 모성은 실로 위대하다. 한없이 감사할 따름이고 더 이상 무슨 표현이 필요하겠는가? "신이 세상 모든 곳에 갈 수 없어 '엄마'를 보낸다."라는 말이 있듯 어머니의 힘은 그렇게 강한 것인가 봅니다.

모성애

소이탄 폭격과 구사일생

며칠 후 모친과 우리는 원기를 다시 되찾았으나 그간의 이중삼중의 압박으로 심신은 늘 불안했다. 두려움의 이유는 두 가지였다. 하나는 아군 비행기의 무차별 폭격이고, 다른 하나는 피아彼我 구분이 어려운 첩보전 때문이었다. 아군 비행기들은 숲속이나 키 큰 나무숲 속에 숨겨둔 적의 군수품이나 식량을 귀신같이 찾아내 폭격했고, 그 여파로 우리는 또 한 번의 죽을 고비를 넘겨야 했다.

낮에는 동원되어 학교나 방공호에서 교육받거나 숨어있고 밤에만 나와 밥을 해야 했는데, 연기가 하늘로 솟으면 비행기의 표적이 되어 위험하고 또한 밤이면 방이 어두워 촛불이라도 켜야 했다. 그렇게 하려면 방의 문짝을 모두 담요나 이불로 가리고 살아야 했다. 빛이 밖으로 새어 나가지 못하도록 말이다. 이것마저도 붉은 완장의 감시 대상이 되곤 하였기 때문이다.

하루는 점심시간 때 가족이 모여 앉아 점심을 먹고 있었는데 쌕쌕이 소리가 들려왔다. 그러더니 갑자기 "쾅!" 하는 소리와 함께 사방이 캄캄해지고 말았다. 몇 분 후에 정신을 차려보니 모친과 형제들의 얼굴과 밥상은 먼지로 뒤덮여 험악했다. 더욱이 파편이 벽을 뚫고 밥상 위로 날아가 반대편 벽을 뚫고 지나간 자리는 크게 구멍이 나 있었으니 기겁을 하지 않을 수가 있겠는가? 오래 살라는 신의 가호가 있었는지, 천만다행으로 가족은 모두 무사했다.

오, 하늘이시여! 감사합니다, 감사합니다!

이때 밖에서 불타는 소리가 들려 뛰어나가 보니 우리 집에서 50~60미터 전방의 숲속에 숨겨놓은 적군의 보급차가 불에 타고 있었다. 그 목표물에 소이탄을 퍼부은 모양이다. 그 여파로 우리집 지붕도 불이 타고 있었지만 다행히 기와지붕이라 조금 타다가 저절로

꺼졌다. 그때 많이 사용한 소이탄은 우리가 '불바다탄'이라고 했는데 터지면 주변 30~40미터를 불바다로 만들어 그 당시에는 제일 무서워했다.

소이탄 투하 모습

이런 와중에 우리는 양측의 첩보전 때문에 또다시 시달려야 했다. 저녁에 밥을 짓고 있으면 슬며시 군복을 입은 군인이 계급장이나 다른 군장표식 없이 나타나 피아간의 정보를 파악하곤 하였는데 도무지 어느 쪽인지 분간할 수가 없어 애를 먹었다. 다행히 우리 식구는 모두 어렸고 모친은 하루 종일 두문불출하고 있는 처지니 무엇 하나 아는 것이 없다고 잘라 말씀하셨다. 그런데 우리 형제는 그때마다 겁이 나서 교대로 부엌에서 모친이 저녁준비를 마칠 때까지 입회

하곤 하였다.

이렇게 줄타기를 하며 아슬아슬한 생활을 이어가던 어느 날, 나는 집합교육을 마치고 집으로 돌아가는 길에 작은아버지 집에 들렀는데 그곳에는 허름한 차고가 있었다. 그곳은 가끔 적군의 보급 차가 와서 새벽부터 저녁까지 숨었다가 날이 저물면 떠나곤 했다. 나는 가끔 호기심에 그 차를 살펴보곤 했는데 운전하는 군인과 조수는 작은아버지 집 방공호에서 늘 낮잠을 자고 있어 낮에는 차에 아무도 없는 것을 알았다. 그날 나는 호기심에 창고의 보급품이 무엇일까 궁금하여 뒤쪽 문으로 기어들어가 나무기둥을 타고 차에 올라가 보니, 나무상자 안에는 통조림이 가득 실려 있었다. 통조림 깡통을 보는 순간 고기를 먹어본 지 오래라 앞뒤 가릴 것 없이 상자를 뜯고 통조림을 2개 들고 나와서는 주위를 살피었다.

가슴이 콩 튀듯 팥 튀듯 두근거리는 가슴을 진정시키며 '걸음아, 날 살려라.' 하고 집으로 도망쳐 왔다. 집에 와서는 잘 아는 완장아저씨가 주었다고 얼버무리고는 통조림을 열어 맛을 보니 우리가 먹던 통조림 맛과는 좀 달랐지만 맛은 있었다. 이런 모험도 객기로서 어리니까 가능하지, 붙잡히면 죽는 줄 알았다면 불가능했을 것이다. 여하튼 모처럼 고기 맛을 보았는데 그 후에 알아보니 중국산 말고기 통조림이란다. 전쟁 중에 살다 보니 참 별걸 다 먹고 사는구나 생각하며 혼자 히죽히죽 웃었다.

이런 공포와 불안 속에서 몇 년을 살다 보니 이젠 여유와 배짱이 좀 생겼다. 우리는 가끔 폭격기가 뜨는 시간이면 소양강 쪽으로 내다보고 "오늘 또 공습을 하러 왔네." 하면서 그 폭격기의 실력을 가늠하기도 했다. 멀리서 봐도 큰 항아리 같은 새카만 폭탄들이 큰 비행기 배에서 한꺼번에 우르르~ 쏟아져 나오며 아래로 떨어지면 조금 있다가 폭탄 터지는 진동과 소리가 창문을 흔들었다. 그런데 좀처럼 다리를 폭파하지 못하고 돌아가서는 또 오곤 하였으니 '에그, 조종사의 실력이 부족하구나.' 하고 혼자 나무라기도 하였다.

폭격기의 포탄투하 모습

전쟁명언

One day President Roosevelt told me that he was asking publicly for suggestions about what the war should be called. I said at once 'The Unnecessary War.

어느 날 루스벨트 대통령은 이 전쟁(제2차 세계대전)의 이름을 공모하고 있다고 말했다. 나는 즉각 쓸데없는 전쟁이라고 답했다.

–윈스턴 처칠(Winston Churchill)

War is not its own end, except in some catastrophic slide into absolute damnation. It's peace that's wanted. Some better peace than the one you started with.

완전한 파멸로 치닫는 재난적인 경우가 아니면, 전쟁은 그 자체가 목적이 아니다. 원하는 것은 평화이다. 전쟁을 시작할 때보다 나은 평화.

–로이스 맥마스터 부졸드(Lois McMaster Bujold)

I know not with what weapons World War lll will be fought, but World War IV will be fought with sticks and stones.

나는 제3차 세계대전이 어떤 무기로 치러질지 모른다. 하지만 제4차 세계대전은 몽둥이와 돌로 싸우게 될 것이다.

–알버트 아인슈타인(Albert Einstein)

제3장

피아의 혼전과 세 번째 피난길

다부원多富院에서

조지훈

한 달 농성 끝에 나와 보는 다부원은
얇은 가을 구름이 산마루에 뿌려져 있다.
피아 공방의 포화가
한 달을 내리 울부짖던 곳

아아 다부원은 이렇게도
대구에서 가까운 자리에 있었고나.

조그만 마을 하나를
자유의 국토 안에 살리기 위해서는

한해살이 푸나무도 온전히
제 목숨을 다 마치지 못했거니

사람들아 묻지를 말아라
이 황폐한 풍경이
무엇 때문의 희생인가를…

고개 들어 하늘에 외치던 그 자세대로
머리만 남아 있는 군마의 시체

스스로의 뉘우침에 흐느껴 우는 듯
길 옆에 쓰러진 괴뢰군 전사

일찍이 한 하늘 아래 목숨 받아
움직이던 생 무령들이 이제

싸늘한 가을바람에 오히려
간 고등어 냄새로 썩고 있는 다부원

진실로 운명의 말미암음이 없고
그것을 또한 믿을 수가 없다면
이 가련한 주검에 무슨 안식이 있느냐.

살아서 다시 보는 다부원은
죽은 자도 산 자도 다 함께
안주의 집이 없고 바람만 분다.

일진일퇴 공방과 휴전협상

1951년 중공군 5월 공세 이후, 큰 손실을 입은 양측은 평화적인 전쟁의 해결방안을 모색하게 된다. 미 정부는 5월 17일, 전쟁을 정치적인 타협으로 종결하겠다는 방침을 굳혔다. 이전에도 공산 측에 의한 휴전논의가 있었지만, 이는 UN 측이 받아들이기 어려운 내용들을 담고 있어 성사되지 않았다. 미 국무장관 애치슨은 케난에게 소련과 접촉하도록 요청하였다. 케난은 6월 1일과 5일에 소련대사 말리크에 찾아가 논의하였다.

미국은 소련도 정치적인 전쟁의 종결을 원하고 있음을 확인하였다. 6월 13일 모스크바에서 열린 북·중·소 회담에서도 휴전하는 것이 유익하다는 결론을 내렸다. 3년이 넘게 진행

되었던 6 · 25전쟁의 휴전협정은 1953년 7월 27일 체결되었다. 당시 UN군 총사령관이었던 마크 웨인 클라크, 북한인민군 최고사령관 김일성, 중공인민지원군 사령관 펑더화이가 서명을 하였는데 이 협정으로 인해 6 · 25전쟁이 정지되었고 남북은 휴전 상태에 들어갔으며 남북한 사이에는 비무장지대와 군사분계선이 설치되었다. 그러나 당시 이승만 대통령은 통일을 주장하며 끝까지 서명하지 않았다.

출처: 7 · 27휴전 특집–한국전쟁사(完)

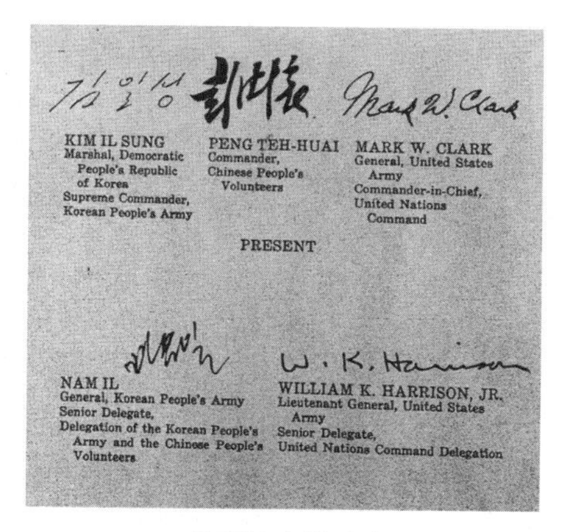

KIM IL SUNG
Marshal, Democratic People's Republic of Korea
Supreme Commander, Korean People's Army

PENG TEH-HUAI
Commander, Chinese People's Volunteers

MARK W. CLARK
General, United States Army
Commander-in-Chief, United Nations Command

PRESENT

NAM IL
General, Korean People's Army
Senior Delegate,
Delegation of the Korean People's Army and the Chinese People's Volunteers

WILLIAM K. HARRISON, JR.
Lieutenant General, United States Army
Senior Delegate,
United Nations Command Delegation

휴전협정 참석자

휴전을 결사반대하시던 이승만 대통령 모습

이상의 기술記述은 시기時期 등 사실 확인을 돕기 위한 참고용이며 내가 여기서 하고자 하는 이야기는 아래와 같다. 그해 5월 휴전 분위기로 접어들자 양측은 조금이라도 땅을 더 차지하려고 밤낮으로 공방을 계속하였다. 그 당시 UN군은 중공군이 예상보다 일찍 춘천에서 철수하는 바람에 미1기병사단이 1월 21일에 춘천을 점령하면서 춘천을 한눈에 내려다볼 수 있는 금병산과 원창고개 쪽에 진을 치게 되었다. 적군은 지금의 춘천댐 방면의 지내리 방면에 진지를 구축하고 이런 환경 속에서 우리가 사는 옥산포(사농동)는 양 진영의 중간지대가 되고 말았다. 얼마간 소강상태가 지속되더니 휴전이 가까이 왔는지 낮에는 아군이 탱크를 앞세워 춘천 시가지를 경유하여 옥산포까지 내려와 정찰활동을 하였다. 군데군데 의심가는 구역에 무차별로 포격을 가하고는 저녁이 되면 다시 원창고개 본대로 돌아갔다. 그 다음 저녁이 되면 적군이 숨어있다가 나와서 정찰활동을 하면서 감시하는 형세가 한 달이 넘게 계속되었다. 그나마 다행인 것은 우리가 사는 옥산포 민가에는 피해를 주지 않았다는 점이다. 그러던 어느 날 아침, 아군 정보원이 탱크를 앞세워 우리 동네에 와서는 2~3일 내에 이곳에서 휴전 전의 땅 차지 투쟁으로 마지막 격전이 벌어질 것이니, 내일 중으로 강 건너 쪽에 임시로 피해 가서 있으란다. 이런 막가는 세상이라니! 또 피난이라니! 죽을 맛이란 이건가? 그러니 어찌하랴, 끝까지 살아남아서 이 모든 악행을 기억하고 고발하여 우리 후대에는 이런 비극이 다시 없도록 하리라 다짐할 수밖에.

전쟁명언

You can no more win a war than you can win an earthquake.

전쟁에서 이기기란 지진을 이기는 것과 마찬가지다.

–재닛 랜킨(Jeannette Rankin)

Wars teach us not to love our enemies, but to hate our allies.

전쟁은 적을 사랑하라고 가르치지 않는다. 오히려 동맹군을 미워하라고 가르칠 뿐.

–W. L. 조지

One is left with the horrible feeling now that war settles nothing; that to win a war is as disastrous as to lose one.

이제 사람들은 전쟁이 아무것도 해결하지 못할 뿐 아니라 전쟁에서 이기는 것이 지는 것만큼이나 비참하다는 끔찍함을 느끼게 되었다.

–아가사 크리스티(Agatha Christie)

고구마 동굴과 탱크의 사격

우리는 또 피난길을 떠나야 한다는 불안과 초조로 그날 밤을 뜬눈으로 새웠다. 새벽 일찍 준비하여 비행기 폭격이 시작되기 전에 강을 건너야 하므로, 아침도 먹는 둥 마는 둥 끝내고는 주먹밥 도시락과 양식을 비롯하여 식기와 담요 등을 각각 포장하여 각자 등에 메고 일단 북한강변(집에서 약 300미터 거리)으로 나가니 몇몇의 일행도 눈에 띄었다.

3월 아침이라 강바람이 세차게 불어왔고 강물은 아직 차가웠다. 그때는 댐이 건설되기 전이라 겨울이 지나고 봄에 비가 올 때까지는 강물이 말라 여울목 쪽에는 수량水量이 많이 없었다.

우리 일행은 낮은 여울목을 찾아 북쪽으로 더듬어 올라가서 아랫바지를 무릎 위까지 걷어 올리고는 미끄러지지 않도록 손에 손을 잡고 조심스럽게 건너갔다. 어디라고 방향이 정해지지는 않았지만 소문에 의하면 신매리 쪽에 동굴이 있다고 하였기에 비와 밤이슬도 피하고 추위도 막을 겸 그곳으로 떠났다.

우리들은 1시간 이상을 걸으며 묻고 또 물어 겨우 그곳을 찾았는데, 동굴에 들어가 보니 다른 피난민들이 벌써 자리를 잡고 쉬고 있었다. 우리도 한쪽 귀퉁이에 자리를 잡고 지친 몸을 가누며 적어도 3~4일은 있어야 할 곳이라 자리를 편하게 고르고는 누워서 쉬었다. 그래도 동굴 속이라 비나 이슬을 막을 수 있으니 얼마나 다행인가.

아침이 되자 피난민들은 각기 가져온 냄비 등으로 나뭇가지를 주워다가 아침밥을 지었는데 제법 연기가 굴 밖으로 새어 나가고 있어 좀 불안한 생각이 스쳐갔다. 왜냐하면 평소에도 식사준비는 밤에만 해왔고 비행기 공습이 무서워 촛불이나 등잔불도 새어 나가지 않도록 담요 등으로 문을 가리고 살아왔기 때문이다.

그날 아침밥을 먹고 쉬고 있었는데 멀리서 탱크 소리가 들려왔고, 우리가 쉬고 있는 동굴 앞에 정지하더니 난데없이 동굴을 향해 포를 쏘는 게 아닌가? 이런 빌어먹을! 아마 누군가의 잘못된 정보 전달로 동굴 안에 적군이 숨어있다는 첩보를 주었거나 망원경으로 밥 짓는 연기를 보고 적군의 행동으로 오인하고 달려온 모양이다. 다행히 굴 입구를 겨냥하여 위협사격을 했으니 망정이지, 굴 안쪽으로 쐈다면 많은 피난민이 죽거나 다쳤을 것이다.

탱크의 사격

굴속은 온통 먼지로 뒤덮였고 피난민들의 비명 소리가 좁은 굴속을 진동하며 더 크게 들렸다. 우리들은 먼지를 뒤집어쓴 채 젊은 아주머니들과 나는 반사적으로 뛰어나가며 흰 수건을 흔들며 소리쳤다.

"여기는 아니야요~ 피난민들만 있어요~"

탱크에 타고 있던 UN군은 우리를 보더니 깜짝 놀라 탱크에서 내렸다. 그러더니 "아임 쏘리!"라고 외쳤다. UN군 속에는 대부분 한국군 통역장교가 동승하였는데 그들은 우리의 안내로 조심조심 굴 안으로 들어왔다. 우리를 살피고는 다치거나 아픈 사람이 없는지 확인했다. 확인을 마친 후 그들은 비상약통을 들고 왔다. 굴 속 입구가 포탄으로 진동하면서 돌의 파편이 떨어져 내려와 몇몇이 머리에 혹이 났고 피가 흐르는 사람도 보였다. 군인들은 재빨리 약을 발라주거나 밴드를 붙여주었고 붕대로 감싸주며 껌이며 초콜릿 등을 건네고 미안하다며 말한 후 작전 중이라며 황급히 떠났다. 사실 강을 건너 피난을 왔지만 어디까지 작전반경에 들어가는지 알 수도 없고 더 갈 곳도 없다 싶어 불안하고 초조한 며칠을 보냈는데, 그 사건 이후로는 다행히 조용하게 지나갔으니 우리 가족은 하늘이 도와 이렇게 또 한 번의 죽을 고비를 넘긴 셈이다.

이 동굴은 춘천시 소양강 건너편 서면 신매리를 배경으로 아담한 산허리 남쪽에 위치해 있었다. 일명 '고구마 동굴'이라고 불려왔다. 일제 때 일본인들이 이곳을 고구마 저장고로 사용하였다고 한다. 그 후에 들은 얘기로는 그 동굴 북쪽에 또 하나의 동굴이 있다고 했다. 이름도 같아 아마도 굴의 남북이 연결되어 있지 않나 생각이 든다. 그 사이 휴전 협상이 진전되면서 중공군과 북한군은 38선 이북으로 자진 후퇴하여 우리들은 다시 고향으로 돌아갈 수 있었다.

우리 가족이 피신해 있던 서면의 고구마 동굴

전쟁명언

What difference does it make to the dead, the orphans and the homeless, whether the mad destruction is wrought under the name of totalitarianism or the holy name of liberty or democracy?

광기 어린 파괴가 전체주의의 이름으로 일어났든 자유나 민주주의와 같은 신성한 이름으로 일어났든 죽은 이나 고아, 노숙자에게 무슨 차이가 있겠는가.

–마하트마 간디(Mahatma Gandhi)

War is an ugly thing, but not the ugliest of things. The decayed and degraded state of moral and patriotic feeling which thinks that nothing is worth war is much worse. The person who has nothing for which he is willing to fight, nothing which is more important than his own personal safety, is a miserable creature and has no chance of being free unless made and kept so by the exertions of better men than himself.

전쟁은 추악한 것이지만 가장 추악하지는 않다. 전쟁을 치를 만큼 가치 있는 것은 없다는, 부패하고 타락한 도덕심과 애국심이야말로 훨씬 추악하다. 지키기 위해 싸울 것이 없는 사람, 자신의 안위보다 더 중요한 것은 없는 사람은 비참한 존재이다. 그보다 나은 사람의 노력으로 자유를 얻고 유지하지 않는 한 그에게는 자유로울 기회가 없다.

–존 스튜어트 밀(John Stuart Mill)

제4장

UN군의 진주와 여성의 역할

국군은 죽어서 말한다

- 나는 광주 산곡을 헤매다가
혼자 죽어 넘어진 국군을 만났다

모윤숙

산 옆의 외따른 골짜기에
혼자 누워 있는 국군을 본다.
아무 말 아무 움직임 없이
하늘을 향해 눈을 감은 국군을 본다

누런 유니포옴 햇빛에 반짝이는 어깨의 표지
그대는 자랑스런 대한민국의 소위였구나.
가슴에선 아직도 더운 피가 뿜어 나온다.
장미 냄새보다 더 짙은 피의 향기여!
엎드려 그 젊은 죽음을 통곡하며
듣노라! 그대가 주고 간 마지막 말을…

나는 죽었노라 스물다섯 젊은 나이에
대한민국의 아들로 숨을 마치었노라
질식하는 구름과 원수가
밀려오는 조국의 산맥을 지키다가
드디어 드디어 숨지었노라
…(중략)…

내게는 어머니 아버지 귀여운 동생들도 있노라
어여삐 사랑하는 소녀도 있었노라
내 청춘은 봉오리지어 가까운 내 사람들과
이 땅에 피어 살고 싶었었나니
내 나라의 새들과 함께
자라고 노래하고 싶었노라
그래서 더 용감히 싸웠노라 그러다가 죽었노라
아무도 나의 죽음을 아는 이는 없으리라
그러나 나의 조국 나의 사랑이여!
숨지어 넘어진 이 얼굴의 땀방울을
지나가는 미풍이 이처럼 다정하게 씻어 주고
저 푸른 별들이 밤새 내 외롬을 위안해 주지 않는가
…(후략)…

UN군의 주둔과 새살림

집으로 돌아오면서 살펴보니 벌써 UN군이 사농동 일대에 진주해 있었다. 주변에는 병참기지와 차량기지가 있었고 우리 동네 가까이에는 자동차 정비창이 들어와 있었다. 그 군속들인지 여기저기에 낯선 사람들이 많이 보였다. 우리가 서둘러 당도하니 살던 기와집은 본래의 집주인이 돌아오는 곳이라며 한 달 내에 집을 비우란다.

이런 세상에! 아! 갑자기 갈 곳이 없다니 참으로 처량한 신세 아닌가? 우리는 말할 힘도, 용기도 없이 눈물만 글썽글썽 허공만 쳐다보고 있었다. 그렇다고 추운 늦가을에 마냥 넋을 잃고 지낼 수만도 없었다. 하루라도 빨리 대책을 세우려고 모친께서는 형과 함께 친척 어른을 찾아 나섰다. 친척 어른들과 상의하니 동네 안쪽 끝에 다행히 빈 초가집이 하나 있으니 주인과 협의해 보란다.

모친께서는 그간 남겨둔 살림 비용을 다 털어서 그것을 인수하면서 좀 더 안정이 되면 되돌려주기로 하고 우선 그곳으로 이사하기로 했다. 우리는 감지덕지 고맙다고 인사하고는 그곳으로 달려가 살펴보니 방 두 칸에 부엌이 있고 부엌 안에는 오래 써서 좀 낡았지만 쓸 만한 솥단지도 있었다. 그 뒤에는 소 먹이던 헛간뿐만 아니라 물 펌프가 있어 물 뜨러 다닐 고생은 면하게 되었다고 기뻐하면서….

우리가 살았던 집과 비슷한 초가집

옛집으로 잽싸게 돌아가 쓸 만한 가재도구와 남아 있던 식량만을 달구지에 골라 실었다. 그렇게 이사를 하고 난 후 온 식구가 열심히 쓸고 닦아 정리 정돈을 하니 그래도 살 만해졌다. 사람 사는 세상에 그냥 죽으라는 법은 없구나!

우리는 간단하게 저녁을 먹고는 치우기가 무섭게 피곤함을 이기지 못하여 잠에 곯아떨어졌다. 다음날 늦게 일어난 우리는 모친이 데워주신 물에 모처럼 따스한 세수를 했다. 모친께서 일찍 일어나 이것저것 모아 마련한 아침상을 참으로 오랜만에 꿀맛같이 달게 먹었다.

다음날 나는 아침밥을 먹고는 바깥으로 나갔다. 동네의 새로운 변화가 하도 궁금하여 견딜 수가 없었다. 밖으로 나가 동네도 한 바퀴 돌아볼 겸 가까운 미군 자동차 정비 창부터 구경하기로 하고, 울타리(철조망)를 따라 정문으로 향했다. 정문에 당도하니 경비실이 있고 총을 메고 지키는 검은색의 병사(흑인)가 보였다. 눈알이 빤짝이고 머리카락은 곱슬곱슬하고 입술이 두껍게 튀어나와 보기만 해도 무서워 뒷걸음을 쳤다. 그런데 그 순간 그 병사가 웃으면서 오라고 손짓을 하는 게 아닌가?

잔뜩 겁을 먹고 우물쭈물 망설이고 있는데, 다른 경비원이 나오더니 한국말로 너 귀엽다고 껌을 주려고 그러는 것이니 겁먹지 말고 오란다. 가까이 가서 보니 그 경비원은 한국 사람이고 군속이란다.

당시의 UN군 막사

용기를 내어 미군 병사가 내미는 껌을 받으려는 순간, 병사의 손등이 보였다. 손등은 검은데 손바닥은 갈색이었다. 여태 내가 만화책에서 보아온 깜둥이와는 너무도 다른 모습에 나는 그만 "땡큐!" 소리도 제대로 못 하고 도망치듯 빠져나왔다. 와, 껌이라는 것은 동굴에서 처음 접해 본 후 두 번째였는데 그 냄새를 맡아보니 향기가 기막히게 좋았다.

또 다른 곳을 구경하려던 생각도 까마득히 잊은 채 모친께 먼저 보여드리고 싶어 집으로 돌아왔다. 우선 전후 사정을 모친에게 말하고 가져온 껌을 내보이니 모두가 껌 냄새를 맡았는데, 형이 이 껌이라는 건 씹으면서 향기와 단맛을 삼키고 알맹이는 뱉는 거란다.

미군은 전쟁터에서 이를 자주 닦을 수가 없었기 때문에 입 냄새를 없앨 겸 양치를 위해 만든 것이 바로 이 껌이란다. 그 이후 우리나라에 껌 문화가 탄생하여 오늘날까지 있다고 할 수 있다. 당시에는 먹을거리도 부족하고 특히 아이들에게는 주전부리 기호품이 별로 없어 사탕이나 엿, 건대추, 말린 밤 같은 것이 고작이었던 시절이었다.

그러니 껌이나 초콜릿, 과자, 드롭프스 등은 말 그대로 혁명적 먹거리였다. 길거리에서 미군을 만나거나 트럭이 지나가면 뒤로 쪼르르 따라가서 "헬~로 껌

기브 미!" 또는 "헬로~초콜릿 기브 미!" 하고 외쳐대곤 했다. 미군은 우리에게 먹을거리를 하나씩 나눠주거나 던져주기도 했다.

이렇게 얻어온 껌은 좀 씹다가 다른 볼일이나 식사를 할 때는 단맛이 남아있으니 벽에 붙여놓았다가 다시 씹기도 하고, 형이 씹던 것을 내가 씹기도 하였으니, 지금 생각하면 웃음이 절로 나온다.

전쟁명언

Never, never, never, believe any war will be smooth and easy, or that anyone who embarks on the strange voyage can measure the tides and hurricanes he will encounter. The statesman who yields to war fever must realize that once the signal is given, he is no longer the master of policy but the slave of unforeseeable and uncontrollable events.

그 어떤 전쟁도 쉽고 순조로울 것이라 믿지 마라. 전쟁이라는 이상한 항해에 오른 자가 다가올 조수와 풍랑을 가늠할 수 있을 것이라 믿지 마라. 전쟁의 열풍에 굴복하는 정치인은 일단 전쟁이 시작되면, 자신이 더 이상 정책을 좌지우지하는 주인이 아니라 예측할 수 없고 걷잡을 수 없는 사건들의 노예가 되었음을 깨달아야 한다.

– 윈스턴 처칠(Winston Churchill)

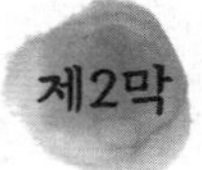

삶의 활력과 양공주의 공헌

이제 바야흐로 휴전과 함께 서양문물의 물결이 서서히 동네를 물들이기 시작하였다. 그 첫 번째가 바로 양공주의 출현이다. 이분들은 UN군이 주둔한 곳이면 어디나 필요악으로 존재할 수밖에 없었다. 처음에는 멸시와 차별대우를 받았지만 깊이 생각해 보니 그 당시는 국민 누구나 가난하고 일자리도 없던 때라 기본적인 생계유지와 가족의 의식주를 해결하려는 피치 못할 사정으로 위안부로 진출하였던 것이다. 특히 UN군들의 성적 욕구를 해결해 주는 역할과 더불어 아래와 같은 사회적 공헌을 하였다는 점에서 긍정적인 평가를 하지 않을 수 없다.

첫째, 이분들은 우리나라 가정의 미풍양속을 보호하였다는 사실입니다.

초기 전쟁 중에는 부녀자들을 겁탈하는 사고가 종종 발생하였고 지조가 강한 우리나라 여성들인지라 자결하거나 아주 타락해 버리는 불상사가 많이 발생하였지만 전쟁 중이라 자기방어 외에는 달리 방법이 없었다.

이웃나라 일본에서도 2차 대전에서 항복한 후 연합군의 주둔과 함께 우리와 똑같은 일이 벌어졌다고 하니, 생리적 욕구란 인간의 5대 욕구 중 1차적 욕구로서 피하기 어려운 고정苦情이라 아니할 수 없다. 평화시대인 지금도 성희롱이니 뭐니 해서 아직도 사회적 물의를 일으키고 있으니 인간 본연의 욕구 발로發露요, 투쟁으로서 자제自制를 금치 못하는 본성이 아닌가?

둘째, 그 당시 우리나라는 1달러가 아쉬운 외화 부족 국가인데 이분들이 받는 봉사료는 귀한 달러였으니 비록 개별적으로는 적은 금액이지만 전체적으로 보면 상당한 외화 획득으로서 수출품이 전무全無한 전시로서는 나라살림에 보탬이 되었다고 할 수 있다.

그 당시는 아직 은행도 없는 때라 아줌마 환전상들이 앞치마에 국방색 돈주머니를 차고 이분들의 집을 순방하면서 환전해 주는 역할이 활성화되기도 하였고, 양담배며 양주 그리고 군화, 양말 등 각종 생활용품의 중개상 역할도 하였다.

셋째, 서양의 선진문물과 함께 새로운 옷 문화가 도입되어 생활습관의 변화를 가져왔다. 우선 미군들이 위안부와 살림을 차리면서 군복이 유입되었는데 그 당시는 휴전 중이라 미군의 구호救護 제품이 아니면 변변한 옷이 없던 때였다. 이것을 고치고 염색하거나 탈색하여 너도나도 입고 다녔다. 군화軍靴 또한 유용한 물품으로서 고무신이 유일한 때에 힘든 작업이나 농사일에는 더없이 편하고 든든하여 어른들이 애용하게 되었다.

나도 사실 러닝셔츠가 없는 때라 어른 것을 얻어 입어보니 촉감은 좋으나 너무 커서 멜빵이 어깨 밑으로 흘러내리고 길이도 엉덩이 밑까지 내려오는지라 깡통만 차면 거지꼴이 아닌가?

군용軍用으로 나온 것이니 당연히 클 수밖에 없어 우리 꼬마들은 시무룩할 수밖에 없었던 기억이 난다.

넷째, 밥과 김치 그리고 자연산 나물 등 야채 중심의 우리들 식단에 샌드위치며 빵, 소시지, 햄, 치즈, 통조림 등의 식품뿐만 아니라 초콜릿, 껌, 과자, 사탕 등 일상의 주전부리 음식까지 가정으로 유입되었다.

여기서 특히 먹을거리가 턱없이 부족하던 당시에는 미군 식당에서 나오는 부산물 중 먹을 수 있는 것들을 골라 밖으로 가져와 모두 함께 넣어 끓인 꿀꿀이죽이 유행처럼 번졌다. 그 속에는 소고기, 빵 조각, 햄, 소시지, 과자 등이 혼합되어 있어 나쁜 것을 골라내고 끓이면 그 맛이 지금의 소시지 김치찌개보다 좋았으며 건강에도 무난하여 많은 사람들이 즐겼다. 그런데 그 이후 부대찌개라는 고유명사로 전통을 이어 지금에 이르렀으니 서글픈 전쟁의 흔적이라 아니할 수 없다.

다섯째, 남녀의 정이란 깊고도 끈질겨 아무리 이방

인이라 하더라도 함께 살다 보면 정이 들고 아이가 태어나길 마련이다. 그 아이들의 피부색이 희거나 검게 태어나 흰둥이, 검둥이라고 놀렸다.

그 당시 혼혈아는 우리가 동방예의지국가로 자처하던 시기라 사회적으로나 가정적으로도 용인하기 어려운 법도라 해서 주변으로부터 지탄이 두려운 나머지 아이를 유기하는 경우가 많았다.

지금은 그들이 장성하여 유명한 가수가 되거나 한국을 대표하는 운동선수로서 국위를 선양하고 있으니 그때의 상황을 애석하게 생각할 수만은 없게 되었다.

그러나 한편으로는 위안부의 해악害惡도 함께 전염되어 동내洞內 전반으로 퍼져 나갔는데 성교육이 없었던 그 시대의 자녀교육 문제가 그 첫 번째요, 그들에 대한 멸시와 차별대우가 그 두 번째 문제였다.

자녀교육 문제란 그들이 한집에 기거하는 경우 반라半裸의 옷차림을 비롯하여 껌을 쩍쩍 씹고는 아무 곳에나 뱉어버리거나 서로 시끄럽게 다투는 경우, 그리고 외국인들과의 거리낌 없는 애정표현 등은 당시 우리나라의 미풍 양식으로는 상상할 수 없는 행위였다. 그런 모습과 행동으로 그들을 멸시하게 되고 동네 밖으로 멀리하려는 움직임이 일어나기도 하였다.

그러나 그런 것들을 교도教導하거나 통제할 방법도 없었고 목구멍이 포도청이라 어쩔 수 없이 수용할 수밖에 없는 가난한 현실을 어찌하랴.

이상의 사실들을 종합해 보면, 위안부의 탄생은 결국 힘없고 아무 대비도 못한 무능한 정부의 책임 아닌가? 그런데 같은 잣대로 비교해 보면 양공주들도 정신대로 끌려간 불행했던 할머니들보다는 덜하다고 해도 비슷한 처지였다는 생각이 든다.

순진낭만 꽃다운 여인들이 전쟁의 참화 속에서 제국주의 일본군의 노리개로 희생되며 고초를 겪었고 미군 양공주들도 전쟁의 여파 속에서 무능한 정부 탓에 오직 굶어 죽지 않으려고 몸과 마음을 희생하였으니 국가가 치유하고 보상해 주어야 한다고 생각되지 않습니까?

사실 대다수 국민들은 세월호 사건은 수학여행 중

에 일어난 해난 사고요, 5 · 18사건 또한 그 진상을 아직도 확실하게 모르는 상태에서 지금 법적 보호를 받고 있지만 그간 국내에서 발생한 대형참사 즉 씨랜드 화재, 성수대교 붕괴, 삼풍백화점 붕괴, 대구지하철 참사, 마우나리조트 붕괴 등은 정부가 보상해 주어야 한다거나 법을 만들어 지원하지 않았습니다

이것은 공정하고 정의로운 사회가 아니라고 생각되는데 어떻게 생각하십니까?

그뿐입니까? 그 당시의 역사와 사회통념은 물론 법과 양심에 따라 판결한 사건이 정권이 바뀌면 정의가 불의가 되거나 불의가 정의 되어 복권되고 엄청난 보상금까지 챙기는 사회가 되었습니다.

아무리 보수와 진보 간의 반복되는 이념싸움이라고 해도 이건 나라의 법적 근간을 뒤흔드는 그야말로 한심하고 양심 없는 부끄러운 정치 아닙니까? 우리는 일사부재리一事不再理의 원칙에 따라 한번 판결된 사건은 그것으로 종결된다고 배우고, 또 그렇게 알면서 자라왔는데 정권이 바뀐다고 간첩이 영웅이 되고 범죄자가 복권되면서 목돈까지 생기는 사회라면 이것은 법을 악

용하여 자기집단을 옹호하는 편법에 불과하지요.

이렇게 사회정의와 법질서가 허물어지고 후진국의 나락으로 떨어지는 중심에는 법을 전공한 최고 지도층이 있다는 것이 더욱 안타깝고 한심한 생각마저 드네요.

만백성이 믿고 따를 수 있는 청렴결백한 지도자. 양심과 법에 따라 솔선수범하는 지도자. 국가의 먼~장래를 내다보며 비전을 제시하고 강력하게 추진할 수 있는 총명한 지도자… 과연 우리나라에는 정녕 없는 것인가?

지금과 같은 정치, 교육 및 사회시스템으로는 불가능에 가깝다고 생각되는데 여러분은 어떻게 생각하십니까?

한편 우리집 또한 별도의 수입도 없었던 때라 하는 수 없이 일자(一)집이었고 방은 2개뿐이지만 우리 식구 모두가 방 하나를 쓰고 방 하나는 하숙방으로 내놓아 생활비로 충당하기로 하였다.

이때 벌써 기거하는 방의 공유경제가 시작되었으니

인쇄술과 더불어 세계의 으뜸이 아닌가? 그때도 소나 말은 물론 농사 짓는 도구며 집이나 방을 빌려 쓰는 공유경제가 흔했는데 그것을 오늘날에야 발견하였다고 야단이니 격세지감隔世之感이라 할까요?

그때는 전쟁으로 도시의 대부분의 집들이 파괴되고 없었지만 시골은 격전장소가 아니라서 사정이 좀 나은 편이라 남아 있는 집이 있었어도 수요가 많아 방을 구하기가 어려웠다. 더구나 자동차 정비창에 근무하는 한국인 기술자들은 영외營外에서 생활해야 되고 미군 장교들 또한 영외에서 생활이 가능하기 때문에 더욱더 방이 모자랐다. 어느 날 우리 집에 30대의 새댁이 세 들어왔다. 그런데 자세히 보니 코에 반창고를 붙이고 있어 이상하게 생각되어 주책없이 "아줌마, 코에 무어가 붙었네요." 하니 "아, 이거! 상처가 나서." 하고는 급히 돌아선다. 아뿔싸! 살면서 알아보니 이 새댁은 코가 반밖에 없는 장애인이었다. 그런 악조건 속에서 가족의 생계를 위하여 자기를 희생하기로 결심한 것이니 그 심정을 뉘라서 알겠는가? 모친 말씀이 "우리와 함께 사실 분이니 한 가족처럼 대하라."

하신다.

월세는 얼마인지 모르나 모친이 빨래며 식사도 함께 제공하는 조건이라 하셨으니 가정에 경제적 보탬이 될 것이다. 전쟁 중이고 거의 모든 시설이 파괴된 지금 그나마 미국의 원조로 나라살림을 겨우 꾸려가는 형편상 국가의 지원은 생각할 수도 없었다. 그러니 각자도생各自圖生밖에는 방법이 없지 아니한가?

그 후 우리 집에는 미군들이 드나들기 시작하면서 껌이며 초콜릿, 통조림 등이 들어오고 담배연기가 집 안팎을 맴돌기 시작하였다. 처음에는 담배 피우는 모습이 입 속에서 연기가 훅 나오는가 하면 뭉게구름처럼 솟아나오니 신기하기도 하고 냄새도 구수하여 호기심이 발동하였다.

새댁한테서 한 개비 얻어 몰래 헛간으로 가서 한 모금 빨다가, 바로 콜록콜록 재채기와 눈물이 솟구쳐 포기하고 말았다.

그 후 성인이 되어 육군에 입대하고 훈련소에서 고된 훈련을 받으며 스트레스를 풀어볼 요량으로 동료들을 따라 담배를 배우기 시작했다. 그런데 하루는 내무반에서 선임하사의 담배 도난사건이 발생하였다. 이실직고를 요구받았으나 다 피워버린 담배를 어디서 찾는단 말인가?

화가 난 선임하사는 내무반 전원에게 없어진 담배가 나올 때까지 원산폭격(손을 열중쉬어 자세로 하고 맨 머리로 마룻바닥에 엎드려뻗치는 기합)이라는 기합을 내리셨다. 난 좀 약골인 데다 견디기 어려운 기합이라 힘들게 버티면서, 그 잠깐 사이에 내 나름의 절연 맹서를 했다.

'아! 이 기회에 다시는 담배를 피우지 않기로 하자.'라고 다짐하면서 버텨보려고 발발 떨었다. 머리도 아프고 허리도 너무 아파 넘어지는 바람에 별도의 기합도 받았으니, 오히려 담배를 끊을 수 있는 좋은 기회를 얻은 셈이다. 그 이후 지금까지도 담배를 잊고 살았고 건강과 지출, 그리고 주변을 깨끗하게 관리하는 생활태도가 습관화되었으니 큰 덕을 본 셈이다.

그때 당시 선임하사는 약골이었던 나를 보고 가끔 농담 삼아 "어이! 감자바위! 이리 와봐!"라며 불러 세우고는 구두닦이 등 잔심부름을 시켰는데, 특히 연대기합을 줄 때 나를 빼주는 기회로 삼곤 하였으니 고마운 분이다. 그는 나를 같은 대학 후배라는 이유로 배려해 주었다. 덕분에 남들에 비해 편안한 내무반 생활을 할 수 있었다. 언젠가 한번 꼭 만나고 싶다.

이참에 '감자바위' 유래를 공지하여 어이없이 비속어로 또는 놀림감으로 사용하는 것을 바로잡는 기회로 삼아보려 합니다.

강원도 사람들이 용기 없고 맥없고 굼뜨다는 용어로 쓰는 '감자바위'의 어원은 고려태조 왕건으로부터 시작되었는데, 왕건이 후삼국을 통일한 후 지역별로 평가하기를 강원도는 산세가 크고 웅장하여 그 기상이 빼어난지라 그 정기를 받은 남자들은 천성이 무겁고 듬직해서 마치 바위와 같고 맡은 바 임무를 수행함에 있어 사욕이 없다고 해서 고려시대에는 '바위서방'이라 불렸다고 합니다.

그 후 조선이 개국하면서 정도전이 조선8도를 재평가하면서 강원도 사람들을 '암하노불巖下老佛'이라 평하다가, 중기 때 어의御醫 허준이 각 도道별로 사람들의 신체를 조사해 보니, 다른 도의 남자들보다 강원도 남자의 음낭이 호두처럼 튼실하고 감자와 같이 크다고 하여 후대 사람들이 '감자바위'라고 불렀다고 합니다. 때문에 '감자바위'는 과묵, 성실하며 정력이 세고, 의리가 있다는 뜻을 지닙니다. 그러니 올바른 사용을 부탁 드려도 되겠지요!

–이긍익(李肯翊, 1736~1806), 『연려실기술(燃藜室記述)』

한편, 그녀가 이사 온 후 살림에 보탬은 되었지만 위에서 언급하였듯 우리들 교육에는 나쁜 영향을 주는지라 모친께서는 3개월 만에 손을 들고 그녀와 이별을 하게 되었다. 그 후 두 번째로 들어오신 분이 밀양아저씨다. 고향 밀양에 가족이 있으나 대구 근처에 있던 자동차 정비창이 이곳으로 이동하는 바람에 여기까지 따라오게 되었단다.

이분은 미군 부대 자동차 정비 창('모터풀'이라 했다) 정비공으로서 나이는 40~50대 정도로 보였고, 키가 훤칠하고 얼굴은 여드름같이 피부가 약간 쭈글쭈글했는데, 마음씨는 텁텁하면서 꾸밈이 없는 호인이었다. 그 당시에는 일거리가 많은지 휴일도 없이 출근하였고 퇴근 시에는 가끔 껌이나 과자, 초콜릿 등을 가져와서 우리들에게 나누어 주었다. 어쩌다 쉬는 날이면 새총도 만들어 주시면서 우리와 함께 놀아주셨는데, 그 분이 우리를 양팔에 매달리게 한 후 빙빙 돌아 어지럽게 하시면서 힘 자랑을 하시던 추억이 그리워진다.

내 고무총의 주 목표물이었던 호박과 참새들

하루는 우리가 심심해 보였던지 고무총을 만들어 시범을 보이면서 한 개씩 나누어 주셨다. Y자 형의 나무 양끝에 고무줄을 묶어 콩알이나 조약돌을 중간 포대 가운데 넣고 힘껏 잡아 당겼다가 놓으면 날아가 목표물을 때리는 장난감 도구였다. 나는 참으로 유용한 고무총을 만나 밤낮으로 연습한 나머지 명중률을 높일 수 있었고, 그 때문에 종종 사고도 치며 돌아다녔다.

당시는 별로 재미나는 일이 없었던 때라 이 고무총을 들고 다니며 개와 닭 그리고 고양이 등을 향해 닥치는 대로 쏘았다. 남의 집 울타리에 매달려 있는 호박이며 지붕 위의 박도 쏘고 다녔더니 마침내 모친께 민원民怨이 들어오고 말았다.

누구 집 아이가 호박이며 농작물 그리고 병아리 등에 흠집을 내고 다닌다고 야단이라, 결국 모친께 들켜 혼쭐이 났다. 그 후 나는 목표물을 바꾸기로 하였다. 그것은 바로 참새였다. 알다시피 참새는 주로 곡식을 쪼아 먹는 나쁜 새로 인식되어 있던 터였다. 물론 무, 배추밭의 벌레도 잡아먹는 좋은 일도 하지만…. 어쨌든 가을이 되면 요놈들을 쫓기 위하여 허수아비를 세우고 논둑에 서서 "훠~이 훠~이" 하며 소리쳐야 하는 수고도 덜 수 있을 것이다. 또한 그때는 참새의 먹이가 주로 곡식과 야채인 데다 주위 환경이 깨끗하던 때라 참새고기도 위생적이고 맛도 고소하여 인기가 있었다.

나는 참새가 많이 모이는 숲속에 숨어서 명중률을 높였고 하루가 다르게 수확도 늘어갔다. 잡아온 참새는 뜨거운 물에 잠시 넣어 두었다가 털을 뽑은 후 배를 갈라 속을 깨끗이 씻어 내고 새머리와 함께 숯불

석쇠에 구워 약간의 소금을 찍어 먹으면 일미一味다. 그런데 지금도 어쩌다 장터에서 참새구이를 볼 수 있지만 고놈들이 먹는 것들이 농약이 묻었거나 더러운 먹이를 많이 쪼아 먹을 터, 지금은 옛날의 그 맛을 즐길 수 없구나!

밀양아저씨는 참새 잡는 또 다른 방법을 가르쳐 주기도 하였는데, 캄캄한 밤을 골라 손전등으로 두꺼운 초가집 지붕 섶의 참새 집에 전등을 비추면 참새가 꼼짝 못하고 움츠리는 사이 손을 넣어 잡는 방법이다. 이것은 사다리가 있어야 실천할 수 있는 방법이다. 그런데 막상 참새를 잡아보니 뭉클한 촉감이 별로라서 포기하였던 기억이 아련하다.

참새를 잡는 다른 재래식 방법도 있었는데….

부엌이나 광 같은 데에 낟알을 뿌려두고 새들이 먹으러 날아들면 숨어있다가 문을 닫아 가두어 잡거나,

마당이나 수챗구멍 같은 데에 낟알을 뿌려두고, 삼태기나 무거운 판자를 짧은 막대기로 괴어놓고 거기에 끈을 매어 숨어 있다가 새가 날아들었을 때 끈을 당겨서 삼태기나 판자에 치이도록 하는 방법을 쓰기

도 하였다. 또한 납일(동지 뒤의 셋째 戌日)에 새고기를 먹으면 좋다 하여 참새를 잡는 풍속이 있었는데, 이때의 참새고기는 맛이 있어서 참새가 소 등에 올라타고 '네 고기 열 점과 내 고기 한 점을 바꾸지 않는다.'는 말이 전해진다.

『동국세시기』에도 납일에 "참새를 잡아서 어린이를 먹이면 마마를 깨끗이 한다."고 하였고, 납일에 잡은 새고기는 맛이 있을 뿐 아니라 어린 아이가 먹으면 병에 걸리지 않고 침을 흘리지 않는다고 전해진다.

참새잡이 고무총과 삼태기

지금 다시 30대 새댁과 밀양아저씨의 모습이 이렇게 아련하게 떠오르는 것은, 우리가 외롭고 가난하게 살던 그 시절 우리에게 사랑을 나누어 주었고 버팀목이 되었고 삶의 용기를 주었기 때문일 것이다. 아~ 꼭 한 번은 만나고 싶은 그리운 사람들이다.

평화, 자유 그리고 새로운 출발

이렇게 휴전협정으로 바야흐로 고대하고 고대하던 평화가 찾아왔다.

아, 평화! 자유! 이 얼마나 값진 보배인가!

그러나 전쟁이 완전하게 끝난 것은 아니고 휴전상태로 찾아온 반쪽짜리 희망으로서 이 순간들이 얼마나 지속될지는 몰라도, 그 모진 전쟁에서 기적적으로 살아남아 이렇게 새로운 삶의 희망을 꿈꾸게 되었으니….

아, 행복하다!

이제부터 우리의 세상이 찾아오고 있다. 희망! 평화! 자유! 두 팔을 높이 올려 힘껏 소리치자.

"만세! 만만세!" 감사하고 또 감사하고 행복하구나. 이러한 감사와 행복을 잊지 않기 위해서라도 우리 모두 동족상잔의 비극 6 · 25전쟁을 반드시 기억하고 자유대한민국을 사수해야 한다. 치욕이라고 해서 숨기기만 하면 상처는 봉합되지 않는다. 오히려 곪아 터져 덧나기만 할 뿐이다. 지금 평화롭고 풍요롭기만 한 세상을 사는 젊은이들에게는 특히 더 중요하다. 대한민국의 역사를 객관적이고 정확히 인식해야 하기 때문이다.

평화의 상징 비둘기

작금에 와서 보수세력과 진보 내지 종북세력 간에 치열한 이념 공방 때문에 나라가 시끄러우니 잠시 짚고 넘어가려 합니다. 보수란 자유가 핵심가치며 진보는 평등을 핵심가치로 합니다. 보수는 자유가 인류를 가장 행복하게 만드는 요소라고 생각하기 때문이고, 진보는 자유는 좋은데 불행하게도 부작용 즉 불평등이 생긴다는 것입니다. 그것은 국가나 사람의 역량力量차이 때문인데 진보는 평등을 외치며 그것을 실현하기 위하여 아이러니하게도 명령과 통제를 선호하게 되고 자유와 인권을 억압하거나 희생시키는 정책을 남발하게 되고 급기야는 독재의 유혹에 빠지게 되지요. 다시 말하면 진보는 평등을 앞세워 때때로 모르핀을 쓰거나 선심정책을 쓰면서 국민을 현혹시키다가, 자유가 봉기하고 거짓이 탄로나면 통제를 위하여 법을 만들거나 오리발을 내밀지요.

이렇게 보면 보수는 자유를 훼손해야 하기 때문에 명령을 너무 싫어하고, 진보는 평등을 실현하는데 아주 편리하기 때문에 생태적으로 명령, 통제를 선호합니다. 쉽게 말하면 물가가 올라가면 보수는 공급을 늘려 해결하지만 진보는 거래질서나 가격을 통제하는 식이지요. 이런 이유로 보수와 진보는 생태적으로 경쟁하고 갈등하고 경쟁할 수밖에 없습니다.

그러나 지난 수 세기 동안 자유민주주의 진영은 보수, 우파적 이념을 바탕으로 사회, 공산주의 진영과 경쟁에서 승리해 전 세계에 물질문명의 발달과 풍요를 선사하였습니다. 자유와 평화 그리고 인권확산에 결정적으로 기여하였음을 증명한 셈입니다. 여러분! 이 기회에 과거 인류의 역사를 한번 생각해 보시기 바랍니다. 또한 항간에 떠도는 세계인의 고언을 잠시 생각하면서 반성의 시간을 함께하고자 합니다.

세계인이 본 미스터리 민족, 한국

아무리 큰 재앙이나 열받는 일이 닥쳐도 1년 내에 잊어버리고 끊임없이 되풀이하는 민족.

너무 많아 정확히 침략을 몇 번 당했는지 자국 역사학자들조차 그 횟수를 잘 모르는 민족.

지난 세기, 평균 5년 반 만에 한 번씩 외침을 당하고도 살아남은 끈질긴 민족.

해마다 태풍으로 인해 피해를 입는데도, 대자연과 맞짱뜨는 엄청난 민족.

무능한 정치인들이 나라를 이끌어 가기에 망할 듯하면서도 안 망하는, 내구력이 엄청 강한 민족.
그러나 인생의 소나기 먹구름 뒤에는 언제나 변함없는 태양이 기다리고 있습니다.
우리는 항상 그런 믿음으로 살아야 합니다.

– 채규철(사회운동가, 1937~2006.12.13.)

이후 모친은 새봄과 함께 논과 밭을 넘겨받아 농사를 직접 짓기로 결심하시고, 그 준비에 들어가셨다. 우리도 함께 거들어 갈 것이다. 또한 우리 형제들도 동네에서 가까운 신동국민학교에 새로 전입되어 참으로 오랜만에 정상적인 학창시절로 돌아갈 기대에 부풀어 있었다.

모친으로서는 이제 겨우 평화를 찾았으니 얼마 안 되는 농토로 4남매 밥은 굶기지 않겠지만, 앞으로 커가는 4남매를 제대로 키우고 교육시켜 훌륭한 인재로 육성할 것을 생각하니 걱정이 태산일 것이다. 그 후의 모친의 피나는 노력은 여기서 다 필설로 표현하기 어렵다. 이제 11살의 내 난중일기도 여기서 끝을 맺는다.

폐허가 된 학교 앞의 초등학생들

어머니에게 바치는 시

어머니, 우리 어머니

나는 모친께서 어떻게 그 모진 피난생활 속의 공포와 불안 그리고 기아선상에서 어린 네 식구를 품에 안고, 때맞추어 먹이고, 입히고, 재워주셨는지 그 비밀을 지금도 도무지 알 수가 없다. 세상에서 제일 안전한 피난처는 어머니의 품속이라고 했다. 내 나이 11살에 만난 그 참혹했던 6 · 25전쟁!

만약 그때 어머니께서 계시지 않았더라면, 우리 4남매는 현재 존재하지 않았거나 뿔뿔이 흩어져 이산가족이 되었을 것이다. "집은 어머니의 몸을 대신하는 것이다. 어머니의 몸이야말로 언제까지나 사람들이 동경하는 최초의 집이다. 그 속에서 인간은 안전했으며 또 몹시 쾌적하기도 했다."라는 심리학자 프로이트의 말을 떠올린다. 그의 말처럼 자식들을 위해 모든 것을 아낌없이 내놓으셨던 어머니의 사랑과 희생 덕분에 우리가 오늘의 행복을 누릴 수 있는 것이다. 그러므로 어머니는 우리에게 있어 '안전한 피난처'이자 '정신적 안식처'이며 '최초의 집'이다. 언제나 어머니의 사랑과 희생을 가슴속 깊이 되새기며 뒤늦게나마 시 한 수를 사랑하고 존경하는 어머니께 바친다.

어머니, 우리 어머니

아, 1950년 6월 25일 새벽
고요한 일요일 아침 적막을 깨고 날아든 포탄
고막이 터질 듯 굉음이 난무하는 순간
엄마는 울부짖는 4남매를 이고 지고,
남으로, 남으로 정처 없이 떠났습니다.
모진 고행 끝에 희망을 품고 돌아와 보니,
아~ 집은 불에 타 폐허가 되고…
그렇게 노심초사 피와 땀의 30년,
난 늘 엄마가 겪는 고난의 현장을 지켜보며
얼른 커서 편히 모시기로 굳게, 굳게 다짐하였습니다.
첫 월급을 받은 1967년 1월 25일부터
아주 작은 효도의 첫걸음을 떼고
99세까지 69년을 굳게 지켰습니다.
그래도 한없이 모자라
지금도 홀로 아쉬움을 달래며 눈시울을 적십니다.

어머니!

그곳은 추위도 더위도 태풍도 없겠죠!

그곳도 사계절이 있나요!

어머니가 계신 곳이 어딘지 많이 궁금해요.

창가에 홀로 앉아 따사로운 가을 햇빛과 함께

먼~산 울긋불긋 단풍을 바라보며

어머니의 포근한 품에 안겨 새록새록 잠이 듭니다.

평생을 자식을 향한 외길사랑으로 사셨던 나의 어머니!

어머니! 영원히 사랑합니다.

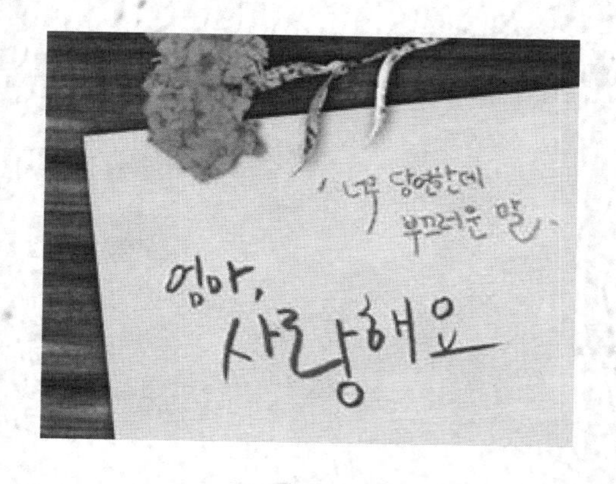

아버님 날 낳으시고 어머님 날 기르시니

부모 옷 아니시면 내 몸이 없으렷다

이 덕을 갚으려니 하늘 끝이 없으리

– 주세붕(1495~1570), '오륜가'

참고하기

: 6 · 25전쟁 UN 참전국

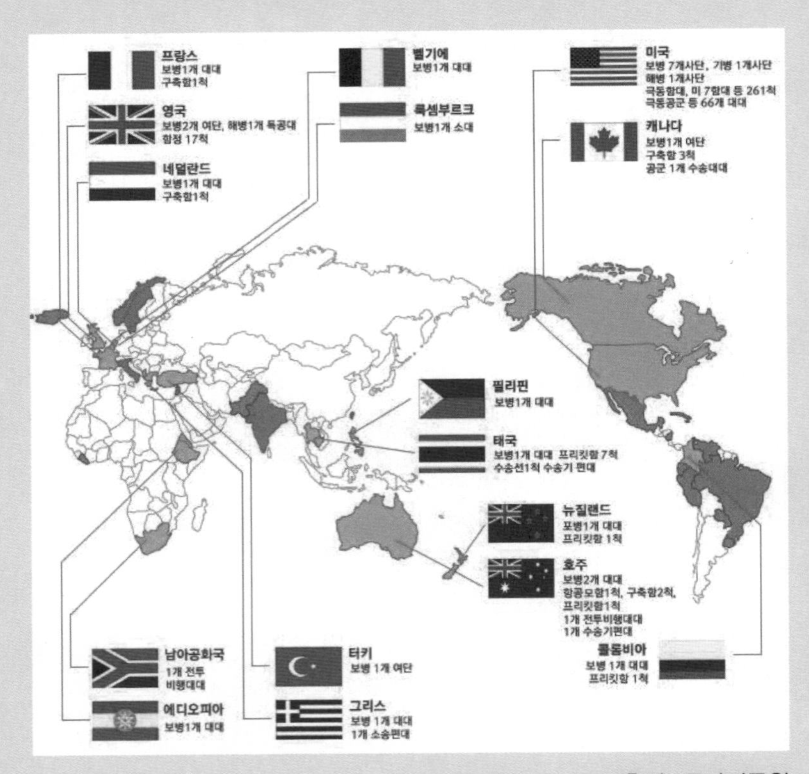

출처: 국가기록원

열람 후기

: 책 초고에 대한 격려

아내: 제발 건강이나 좀 챙기시고, 편히 쉬세요. 눈 망가져요!

딸과 아들: 아버지가 책을 내시다니, 대박나세요! 다음은 노벨상 도전!

선배: 위대한 사람은 자기 족적을 남긴다! 사람은 죽어서 이름을 남긴다! 노익장의 끊임없는 도전!

친구들1: 후평동 촌놈, 출세했어라. 야, 생각이 너무 좋아! 감동이네. 정말 멋지게 산 거라.

친구들2: 70년 전의 기억이 어떻게 여태까지 살아있나? 참 대단하이! 또 쓰셨다. 아주 작가로 나서지 그래! 야! 우리 나이에 참 열심히도 살고 있구먼! 곱게 늙으라우!

후배들: 노익장이십니다. 그냥 계셔도 되실 텐데 후세를 걱정하시는 그 마음 감히 누가 헤아리겠습니까. 우리는 그 역사를 기억할 것입니다. 대단하십니다.

맺음말

나는 내가 피난 갔던 나의 실크로드를 찾아 춘천의 우리 집터를 출발점으로 하여 문막까지 걸어가 보기로 여러 번 다짐하였으나, 바쁜 핑계로 차일피일 미루다가 결국 2019년 8월이 돼서야 자동차로 다녀왔다.

차로 2시간 남짓한 거리를 4일이나 걸려 그곳까지 갔으니 그때의 도로사정과 어린이 4명의 우리 가족이 얼마나 고생하였는지 상상이 될 것이다.

지금 그 길은 2~4차선으로 도로가 포장되어 있다. 그때만 해도 논둑길이었다. 소로小路 아니면 우마차가 다닐 정도의 시골길이었다. 거기다가 높은 산을 2~3개나 넘어야 했고 인적이 드문 산길에 웃자란 풀이 행인의 신발까지 덮고도 남는 험한 길이었다. 또한 당시만 해도 가로등 불빛 하나 없이 캄캄하였으니 밤이 오면 분위기가 험악하고 으슥하여 꼭 호랑이라도 나올 것만 같은 외진 길이었다. 그 길도 맨몸으로 걸어갈 수 있는 것이 아니고 각자 등에 살림살이를 짊어진 채 메고 가야 했으니 얼마나 힘들었겠는가?

우선 나는 당시의 피난길에서 고구마와 감자를 무상으로 캐 넣어 갔던 곳을 찾아보려고 한참을 헤맸다. 66년의 세월이 흘렀으니 강산이 6번 변한 게 아닌가? 즉 마을이 너무나 많이 변하여 어딘지조차 가늠할 수가 없었다. 그저 마음속으로 그때의 상황을 이해하여 주시고 이렇게 건강하게 살아 찾아뵙게 되니 감개무량하고 감사할 따름이라고 하늘을 향해 기도할 뿐이다. 기도를 마치고 나서 문막을 향해 떠났다.

문막 안창리에 도착해 보니 세상에! 그때 우리가 살던 그 집은 온데간데없고 최신식으로 지어진 전원주택이 들어서 있는 게 아닌가. 주인장한테 물어보니 자기는 10여 년 전 은퇴 후 이곳으로 왔다고, 자기는 이 동네 사람들에 관해선 잘 모른단다. 그러면서 위쪽 마을 판대리에 가면 혹 그때의 토박이가 살고 있을지 모른다고 알려주었다.

주위를 한 바퀴 돌면서 살펴보니 선착장은 흔적도 없고 4차선 다리가 들어서 있었다. 동네는 초가집은 거의 개량되었으나 큰 교회를 제외하면 살림하는 가구도 별로 없는 한촌 그대로였다. 나는 실망스럽고 허탈해졌다. 판대리로 가서 보건소를 찾았으나 점심시간이라 사람이 없었다. 다시 그때 내가 놀던 판대초등학교에 가보려고 문의하였다. 하지만 들려오는 대답은 인구감소로 학교가 없어졌다는 말이었다.

하는 수 없이 차를 돌려 문막시장으로 달려갔다. 문막시장도 너무나 많이 변하고 발전하면서 아파트 숲을 이루고 있었는데, 옛 모습만 한 귀퉁이에 조금 남아있을 뿐 너무나 허전한 모습뿐이다. 아, 유수 같은 세월이여! 그동안 많이도 변했구나! 하기야 내 나이 벌써 80이 넘었으니…. 산천은 그대로인데 사람은 간 곳 없구나!

신세를 많이 졌던 주인 내외는 생존해 있을 가망성은 없을 것이고, 그나마 우리 또래의 아들들은 살아있을 텐데…. 어려서 삶에 지쳐 그 성도 이름도 기억하지 못하고 떠났으니 안타깝구나. 결국 신세를 갚아야 할 사람도, 농가도, 모두 찾지 못하고 맨몸으로 돌아오고 말았다.

현재 남아 있는 옛 문막시장 모습

이런저런 핑계가 태산이지만, 이제부터라도 그때의 고마운 심정으로 더욱더 이웃을 배려하고 나누며 살아야겠다.

그리고 6 · 25와 같은 동족상잔의 전쟁이 다시는 없도록 이 책을 통하여 경종을 울리고, 지금도 허상과 감언이설로 내로남불 하면서 국민을 도탄에 빠뜨리려는 나쁜 인간들을 바른 길로 인도하는 것 또한 이 글의 사명일 것이다.

귀중한 시간 내어 끝까지 읽어 주신 독자분들에게 대단히 감사합니다.

출간후기

잊을 수 없는 6 · 25 전쟁사,
후손인 우리가 기록한 역사의 한 페이지에서
미래를 향한 희망의 에너지가 샘솟기를 기원합니다

권선복
도서출판 행복에너지 대표이사

역사를 잊은 민족에게 미래란 없습니다. 동족상잔의 피비린내 나는 역사를 기억하고 반성하는 일 역시 다시는 같은 실수를 반복하지 않기 위해 꼭 필요합니다. 이 나라는 자유민주주의를 수호하기 위해 공산주의에 항거해 목숨을 바친 분들의 피와 땀으로 지켜졌습니다. 우리는 이 사실을 잊어선 안 됩니다. 역사를 잊지 않고 복원하는 것, 그것은 후손인 우리들에게 남겨진 숙제입니다.

이 책 『11살의 난중일기-어머니의 사랑과 희생』의 의미와 가치는 바로 이점에서 더욱 빛을 발합니다. 이 책의 저자 박원영 님은 11살이라는 어린 나이에 피난길에 오르신 분입니다. 전생의 참상을 온몸으로 겪은 세대입니다. 박원영 저자님은 노령의 나이에도 불구하고 그 시절 전쟁 체험을 생생하고 또렷하게 기억해 기록으로 남기셨습니다. 저자님의 기억력에 실로 감탄하지 않을 수 없습니다. 덕분에 우리는 그분의 생생한 체험담을 눈앞에서 바라보듯 접할 수 있었습니다. 이 점 다시 고개 숙여 감사드립니다.

소중한 역사의 기록으로 책을 만들어 도서기증까지 하시는 이런 어른들은 우리 세대가 본받아야 할 분들입니다. 아울러 자라나는 세대들이 70여 년 전 그날로 돌아가 친구의 일기장을 들여다보는 심정으로 이 책을 꼭 읽어보기를 간절히 바랍니다. 그들의 마음과 기억 속에 대한민국의 아픈 역사도 함께 간직되기를 바랍니다. 그리고 이를 바탕으로 우리 미래 세대의 앞날이 더욱 찬란하고 행복하게 빛나기를 기원합니다.